Los estilos guerreros

Diseño de tapa:
Lucas Frontera Schällibaum

Imagen de tapa:
Carlos Estevez
Obra: *Viaje alrededor de uno mismo,* 2006, Collage en papel

LAURA FIERRO EVANS

Los estilos guerreros

Liderar desde las voces interiores

GRANICA
ARGENTINA - ESPAÑA - MÉXICO - CHILE - URUGUAY

© 2018 by Ediciones Granica S.A.

ARGENTINA
Ediciones Granica S.A.
Lavalle 1634 3º G / C1048AAN Buenos Aires, Argentina
granica.ar@granicaeditor.com
atencionaempresas@granicaeditor.com
Tel.: +54 (11) 4374-1456 Fax: +54 (11) 4373-0669

MÉXICO
Ediciones Granica México S.A. de C.V.
Calle Industria Nº 82
Colonia Nextengo - Delegación Azcapotzalco
Ciudad de México - C.P. 02070 México
granica.mx@granicaeditor.com
Tel.: +52 (55) 5360-1010. Fax: +52 (55) 5360-1100

URUGUAY
granica.uy@granicaeditor.com
Tel: +59 (82) 413-6195 Fax: +59 (82) 413-3042

CHILE
granica.cl@granicaeditor.com
Tel.: +56 2 8107455

ESPAÑA
granica.es@granicaeditor.com
Tel.: +34 (93) 635 4120

www.granicaeditor.com

Reservados todos los derechos, incluso el de reproducción en todo o en parte, y en cualquier forma

GRANICA es una marca registrada

ISBN 978-950-641-968-4

Hecho el depósito que marca la ley 11.723

Impreso en Argentina. *Printed in Argentina*

Fierro Evans, Laura
  Los estilos guerreros / Laura Fierro Evans. - 1a ed . - Ciudad Autónoma de Buenos Aires : Granica, 2108.
  260 p. ; 22 x 15 cm.

  ISBN 978-950-641-968-4

  1. Coaching. I. Título.
  CDD 158.1

*A mis amados hijos Alex y Damián.
A mis cuatro pequeños nietos Paola, Andrea, Gabriel y Lucía,
porque juntos cuadruplican mi esperanza
de que los seres humanos podemos desarrollarnos desde
la aceptación de nuestra diversidad interna
y el respeto a las preciosas diferencias entre unos y otros.*

Muchos somos

*De tantos hombres que soy, que somos,
no puedo encontrar a ninguno:
se me pierden bajo la ropa,
se fueron a otra ciudad.*

*Cuando todo está preparado
para mostrarme inteligente
el tonto que llevo escondido
se toma la palabra en mi boca.*

*Otras veces me duermo en medio
de la sociedad distinguida
y cuando busco en mí al valiente,
un cobarde que no conozco
corre a tomar con mi esqueleto
mil deliciosas precauciones.*

*Cuando arde una casa estimada
en vez del bombero que llamo
se precipita el incendiario
y ése soy yo. No tengo arreglo.
¿Qué debo hacer para escogerme?*

*¿Cómo puedo rehabilitarme?
Todos los libros que leo
celebran héroes refulgentes
siempre seguros de sí mismos:
me muero de envidia por ellos,*

*en los filmes de vientos y balas
me quedo envidiando al jinete,
me quedo admirando al caballo.*

*Pero cuando pido al intrépido
me sale el viejo perezoso,
y así yo no sé quién soy,
no sé cuántos soy o seremos.
Me gustaría tocar un timbre
y sacar el mí verdadero
porque si yo me necesito
no debo desaparecerme.*

*Mientras escribo estoy ausente
y cuando vuelvo ya he partido:
voy a ver si a las otras gentes
les pasa lo que a mí me pasa,
si son tantos como soy yo,
si se parecen a sí mismos
y cuando lo haya averiguado
voy a aprender tan bien las cosas
que para explicar mis problemas
les hablaré de geografía.*

PABLO NERUDA

Índice

AGRADECIMIENTOS	15
PRÓLOGOS	
LA LECTURA DE UN PSIQUIATRA, Héctor Rocha	17
LA LECTURA DE UNA MASTER COACH, Illary Quinteros	21
INTRODUCCIÓN	25
Capítulo 1	
VOCES INTERIORES Y DIVERSIDAD HUMANA	35
Capítulo 2	
LAS POLARIDADES O VIVIR DESDE LOS EXTREMOS	43
La matriz de polaridades	44
El eje del espacio	45
Cercanía	45
Distancia	46
El eje del tiempo	47
Permanencia	47
Cambio	48
Los estilos	49
Capítulo 3	
LAS CULTURAS GUERRERAS	55
Para comprender los estilos guerreros	60
Capítulo 4	
EL ESTILO VIKINGO.	
O LA BATALLA POR LA INDEPENDENCIA Y PORQUE "YO PUEDO SOLO CON TODO"	63
¿A qué llamo "estilo vikingo"?	63
Las voces interiores del vikingo	68
El fuerte	70
El independiente	72

El arriesgado	75
El impulsivo	77
El exigente	79
El exitoso	82
El aventurero	84
El rebelde	87
El ambicioso	89
El impaciente	92
El ejecutivo	94

Capítulo 5
EL ESTILO MAYA.
O LA BATALLA ENTRE EL AFECTO EN COMUNIDAD Y "LA CARGA QUE LLEVO SOBRE MIS ESPALDAS" 99

¿A qué llamo "estilo maya"?	99
Voces interiores que habitan en el maya	102
El complaciente	103
El respetuoso	105
El empático	106
El postergador	108
El seguidor	111
El esforzado	112
El tradicional	114
El romántico	117
El entregado	118
El buena gente	120
El humilde	122

Capítulo 6
EL ESTILO ESPARTANO.
O LA BATALLA ENTRE LA ESTABILIDAD, EL CONTROL Y LA PERFECCIÓN 125

A qué llamo "estilo espartano"?	125
'Voces interiores que habitan en el espartano	130
El perfeccionista	130
El crítico	134
El responsable	136
El justo	138
El competidor	141
El racional	143
El escéptico	145
El controlador	147
El disciplinado / ordenado	149
El ahorrador	152
El eficiente	155

Capítulo 7
EL ESTILO BEREBER.
O LA BATALLA ENTRE LA ILUSIÓN DE LA ETERNA JUVENTUD, EL CAMBIO Y LA SOLEDAD 159
¿A qué llamo estilo bereber? 159
Voces interiores que habitan en el bereber 162
El entusiasta 164
El emprendedor 166
El sociable 169
El soñador 171
El creativo 174
El cambiante 177
El seductor 180
El espíritu libre 182
El hedonista 184
La víctima 187

Capítulo 8
Y ¿CÓMO SE DA LA TRANSFORMACIÓN? 191
Sistema Hagakure® 195
Sistema Hagakure® para desarrollar liderazgo 198
Los pasos o momentos del Sistema Hagakure® 199
Los principios Hagakure 205
El camino del samurái 206
La palabra que transforma 207
Ahora es la hora 207
Un método secreto 208
La toma de decisiones 208
Asir la ocasión 209
El entrenamiento 209
Cómo ha de ser el samurái 210

Capítulo 9
ENTRENA TU MENTE, TU CUERPO Y TU ESPÍRITU 213
Ahora es tu hora 213
Sobre la facultad de la atención 217
La plasticidad de la atención 216
El principal obstáculo y enemigo: tu ego protector 217
Es más importante saber preguntar que responder 218
Experiencia en tres dimensiones 220
Sugerencias para esta travesía 221
Dejar de hacer para ser 222
Práctica de meditación de 15 minutos 227

ANEXOS

BREVE DESCRIPCIÓN DE LAS CULTURAS QUE DAN ORIGEN A LOS ESTILOS GUERREROS   229
1. La cultura vikinga   229
2. La cultura maya   231
3. La cultura espartana   234
4. La cultura bereber del Sahara   236

GRÁFICOS

Estilo vikingo   241
Estilo maya   243
Estilo espartano   245
Estilo bereber   247
De la funcionalidad a la disfuncionalidad de los estilos guerreros   249
Combinaciones de estilos y voces interiores   252

BIBLIOGRAFÍA   255

Agradecimientos

Mi gratitud por la apertura y confianza que he recibido de cada uno de los clientes que he tenido a lo largo de muchos años. Ellos me inspiraron a crear los estilos guerreros para abordar en un lenguaje accesible muchas de las preguntas que todos nos hacemos acerca de quiénes somos, qué nos hace actuar de la manera en que lo hacemos y cómo podemos aprender, desaprender o integrar a nuestra conciencia esos aspectos de nosotros que desconocemos, nos desconciertan o rechazamos. Espero con estas páginas ayudar al lector a mirarse, a entenderse, a comprender a los demás y a valorar profundamente la diversidad humana que tanto nos enriquece.

Agradezco también a mis maestros y mentores John Kent, Michael Zimmerman y Christina Cross por acompañarme a crecer desde su aceptación incondicional.

A cada uno de mis alumnos de los programas de Certificación y Máster en coaching por ser vehículos de aprendizaje sobre mí misma.

A Pilar Padilla, por su creatividad y apoyo con todos los gráficos que embellecen este texto, así como por sus atinadas observaciones y sugerencias sobre los contenidos. A Hernán Ruiz, por las ilustraciones de los estilos guerreros.

A Ana Gabriela Rojo por las correcciones de estilo.

Gracias.

LAURA FIERRO EVANS
El Pueblito, Querétaro, México
laura@sistemahagakure.com
www.sistemahagakure.com

Prólogos

La lectura de un psiquiatra

La propuesta de Laura Fierro Evans en *Los estilos guerreros* enriquece la práctica y el conocimiento no solo de su especialidad, que es el coaching, sino de la psicología. Aunque no se trata de un libro para terapeutas, desde mi punto de vista, está en la frontera. Es utilísimo para los terapeutas y mucho lo ha sido para mí. Como psiquiatra, me permite tener un panorama más amplio y me gustará empezar a poner a los guerreros y sus voces dentro de las lentes que me pongo y que añaden una dimensión más en la observación y comprensión de mis pacientes.

Gocé la lectura de *Los estilos guerreros*. No solo disfruté la redacción ágil y de fácil comprensión, sino que además pude identificar muy objetivamente cada uno de los estilos.

El libro va llevando al lector de la mano desde la selección de las culturas guerreras que se adecuan con los perfiles, a las definiciones y características de cada uno de los estilos y cómo se los reconoce. Pero no se queda ahí, sino que también da pautas de cómo establecer una mejor relación con cada uno y los puntos sensibles a trabajar. Como la autora menciona, los tipos puros son escasos y lo que se observa es la combinación de voces. En mi práctica he visto la presencia de gran cantidad de ellas, aunque a veces parezcan contradictorias.

La descripción de las voces, que son como los aderezos de cada estilo, me hizo recordar aquellos años en que estudiaba el modelo de Freud y sus personalidades, que ya no suelen verse en la actualidad, como su famosa "histérica". Cuando pienso en los estilos de la literatura clásica y el contenido de este libro, puedo afirmar que estamos frente a una obra que nos describe la realidad desde una óptica plural, diversa y enriquecedora. La propuesta del libro constituye un modelo abierto, en el que cada lector puede profundizar hasta donde quiera o necesite.

Cuando Laura nos muestra diez o más categorías o subestilos, va hacia una descripción todavía más precisa de las voces internas. Resulta sumamente atinada la propuesta de referirse a las diferentes voces o entidades que coexisten en cada uno de nosotros, pues contrastan mucho con las clasificaciones históricas o antiguas de los caracteres que siguen manejando algunos enfoques de la psicología y la psiquiatría. Además de ser modernas o posmodernas, son más accesibles a la comprensión, no solo de los especialistas en salud mental, sino de la gente, los coaches y todos los que en general tengan deseos de conocerse a sí mismos.

La ejemplificación de casos reales con cada uno de los subtipos de cada estilo, aporta una claridad verídica de personas comunes que tienen dificultades para afrontar situaciones de vida en sus relaciones interpersonales, ya sean laborales o afectivas. Estas historias, además de atinadas, ofrecen al lector espejos en los cuales pueden mirarse desde distintos ángulos y hacen muy amena y fácil la comprensión de la propuesta de la autora.

Entonces, reconocer los guerreros y sus voces interiores es útil tanto para quien quiera hacer un trabajo de introspección y autoconocimiento, como para quien trabaje con personas. Ayudan a tener una visión más fina y clara con la que el lector empiece por reconocerse desde sus distintas partes, perspectivas o niveles, así como sus fortalezas y áreas de oportunidad.

Los estilos guerreros es sobre todo un libro práctico que permite no solo descubrir, sino –tal vez lo más valioso– saber qué hacer con todo eso que se descubre, cualquiera sea el lugar en que se encuentre el lector en términos de su autoconocimiento. Para quien tenga muchas dudas sobre sí mismo, este libro le da una visión más amplia y clara de por qué le suceden ciertas cosas.

Esta obra permite abrir un horizonte mucho más amplio de explicación y conocimiento de una realidad, y lo hace desde la perspectiva de la circularidad de las relaciones interpersonales, donde no hay culpables, víctimas o victimarios sino seres en interacción y en evolución.

Algunos terapeutas aún hablan en el lenguaje tradicional con sus pacientes, y ellos no los entienden. En cambio, la manera en que la autora examina e interpreta la voz, las características y la forma de relacionarse de cada estilo guerrero, constituye una herramienta clara y accesible para la introspección, la transformación reflexiva y la práctica terapéutica.

Dr. Héctor Rocha
Médico psiquiatra, terapeuta familiar y de pareja,
maestro en hipnosis y terapia ericksoniana,
y especialista en programación neurolingüística (PNL)

La lectura de una master coach

Una pregunta que ha guiado gran parte de mi trabajo como coach ejecutivo de líderes globales en los últimos quince años ha sido: ¿cómo se crea valor a partir de la diversidad? Desde esa perspectiva, la diversidad no supone un problema a resolver, como muchas veces es percibido en las organizaciones, sino que se convierte en materia prima para la creación de algo nuevo en el devenir evolutivo de las personas, equipos y espacios laborales.

Los estilos guerreros, el nuevo libro de Laura Fierro Evans, ofrece una metodología y herramientas concretas que permiten abordar esta pregunta desde la profundidad del aprendizaje transformador. Peter Senge, en su libro *La Quinta Disciplina*, señala que "el verdadero aprendizaje llega al corazón de lo que significa el ser humano. A través del aprendizaje nos re-creamos a nosotros mismos". Este aprendizaje es el que sucede cuando en el trabajo –con voces interiores, tal como explica la autora en el libro– se logra desarrollar un nivel de conciencia que nos ayuda a reconocer y a aceptar la diversidad que nos constituye, y a partir de eso somos capaces de generar acciones que amplían nuestra efectividad en los dominios en los que nos interesa mejorar.

La diversidad por la diversidad misma no es suficiente para generar valor. Es la calidad y complejidad de las interrelaciones que se generan en un contexto diverso, que abordadas de ciertas maneras –una de las cuales puede ser un proceso de coaching–, tienen el potencial de generar saltos cuánticos en el desarrollo y bienestar de las personas, los equipos de trabajo y las organizaciones.

Las culturas guerreras son el vehículo que este modelo nos propone para explorar la inmensurable fuente de diversidad que reside en cada uno de nosotros. Las voces que nos habitan, tanto las que nos gustan como las que no aceptamos, conforman el mosaico que es nuestra identidad. Esta identidad no es fija, sino que se encuentra en continua transformación.

Si consideramos la cultura, según la definición que nos ofrece Humberto Maturana, como una red cerrada de coordinaciones de emociones y acciones en el lenguaje que configura un modo particular de vivir en el conversar, y a las distintas culturas como diferentes modos de convivencia humana creados a partir de redes de conversaciones, podemos apreciar el amplísimo repertorio de conversaciones y culturas que potencialmente todos tenemos a la mano.

El acceso al enorme potencial para crear valor que ofrece la diversidad solo es posible a través de la interacción y transformación de las culturas involucradas. Esto ocurre cuando la red de conversaciones que las constituye y define cambia. Una nueva cultura (modo de ser) surge del encuentro creativo de conversaciones donde se reconocen elementos de esas culturas "en encuentro" mediante configuraciones interrelacionales distintas, generadoras de acciones nuevas.

La autora ha logrado plasmar de manera clara y coherente un mapa de estilos guerreros que abarca un amplio espectro de la gama de voces interiores que constituyen las formas de ser con las que nos identificamos. Todas son voces cuya intención final es contribuir al beneficio de la persona, aunque en ocasiones esa intención no sea evidente y hasta pueda manifestarse en acciones contraproducentes. El coach que conoce y trabaja con este modelo puede entrar rápidamente con su cliente en un proceso de exploración y reflexión profunda sobre su estilo guerrero y la red de conversaciones que posibilitan o impiden su avance hacia el objetivo deseado.

Este es un viaje de autoconocimiento y ampliación de la conciencia que apunta a ese corazón de lo que significa el ser humano al que se refiere Senge. En este libro, el coach encontrará poderosas herramientas para asistir a su cliente en un proceso de re-creación de sí mismo fundado en la aceptación, respeto y reconocimiento de la legitimidad de la persona.

El doctor Maturana define la inteligencia como la capacidad de generar acción efectiva en entornos cambiantes. Esto es ciertamente algo que ha adquirido cada vez mayor relevancia para mis clientes en el ámbito ejecutivo, que enfrentan día a día tanto las presiones como las oportunidades de un mundo globalizado. El aprendizaje transformador es clave para detonar el desarrollo de culturas creativas, adaptables y colaborativas que potencien al ser humano en toda su integralidad.

Este libro nos lleva en esa dirección: al aprendizaje transformador, adaptativo y colaborador.

Illary Quinteros
Master Certified Coach,
International Coach Federation

Introducción

El supremo arte de la guerra consiste en ganar sin tener que combatir.
Sun Tzu

Este libro empezó a escribirse en 2013. Ha pasado por muchas versiones, crisis y renovaciones. Hace más de dos años, y cuando estaba ya por salir publicado, decidí sacarlo de la editorial para volver a trabajarlo.

Estuvo casi todo este tiempo fungiendo como una voz que me hacía sentir culpable por haberlo abandonado. Como sucede con las parejas disfuncionales, no quería saber de él y por otro lado, todo el tiempo pensaba en él.

Fue este 2018, gracias a una conversación –de esas que se quedan grabadas en la memoria por su trascendencia y profundidad– en la que compartí lo que yo había descubierto sobre mi capacidad creativa y el origen de eso que me lleva a encender la computadora y ponerme a escribir, que casi mágicamente conecté de nuevo con esa energía e inspiración. Además, me llenó de alegría y así como es la magia de este proceso, esa voz sabia que todo lo conoce y habita en mi interior por fin me dio la claridad para poder completar este libro: llenarlo de historias. Y eso hice. Escribí más de cuarenta historias en tres semanas.

Extraño describir esa catarata de historias que apenas me venían a la mente; ya de pronto estaban escritas. Ha sido una experiencia lo más cercana a sentirse poseída, al éxtasis, a la catarsis.

Historias reales pero no, inventadas pero no, cambiadas de contexto, muchas de ellas mías, de partes mías, de voces internas que me habitan y se han manifestado de forma distinta en momentos específicos de mi vida. A unas las oculté poniéndolas en masculino, a otras las trasladé a África o a Sudamérica. Historias, así como son. Ilustración de cada una de las voces internas que residen en cada uno de los estilos guerreros y, como en *El Aleph* de Borges,[1] todas las voces habitan en todos los tiempos y ocupan el mismo espacio en una persona.

Mi intención es que el lector conecte con ese placer de identificar todas sus voces interiores, ponerles nombre, reconocer la función que ejercen en su vida y además ordenarlas como parte integral de un estilo que a final de cuentas da sentido de identidad y claridad de cómo vive su vida y cuáles son las formas de relacionarse con los demás que imperan en su comportamiento.

En la medida en que cada uno logre identificar los guerreros que habitan en su interior, podrá hacerse cargo de integrar toda la gama de otras voces a las que tal vez haya silenciado o rechazado en su vida por dar demasiada cabida solo a una o a un par de ellas.

Este es un libro de expansión. Un libro de abrir horizontes. Un libro para cuestionar la versión limitada de uno mismo con la que nos hemos mostrado al mundo. Aquella que tal vez haya sido efectiva en algunos frentes, pero que se muestra increíblemente limitante a la hora de pensar en el máximo potencial que tenemos como seres humanos.

---

[1] Borges describe el Aleph como "una pequeña esfera tornasolada, de casi intolerable fulgor", cuyo diámetro sería "de dos o tres centímetros, pero el espacio cósmico estaba allí, sin disminución de tamaño". Según Borges, el Aleph es el punto mítico del universo donde todos los actos, todos los tiempos (presente, pasado y futuro), ocupan "el mismo punto, sin superposición y sin transparencia".

¿De dónde surge la idea de los guerreros?

En los más de veinte años de trabajo como consultora y coach en organizaciones he tenido el privilegio de conocer personas de los más diversos orígenes culturales y de una gran variedad de profesiones.

Entre esa diversidad, que incluye a personas de los continentes africano, europeo, asiático y americano, he ido observando coincidencias en el comportamiento, en la forma de hablar y de valorar sus situaciones específicas de vida, las que a su vez se reflejan en las problemáticas de liderazgo que unos y otros enfrentan.

Mis asesorados son directivos y gerentes de organizaciones privadas y públicas, así como de organismos internacionales, en los cuales, sin distinguir el tipo de actividad, la raza, la cultura o el lugar en que se ubiquen, se habla muy a menudo con lenguaje guerrero, y yo los acompaño como coach en sus batallas cotidianas por conseguir resultados, mantener el control, lograr la disciplina, poner límites, crear ambientes laborales propicios para la efectividad, obtener mejores resultados con menos recursos, ganar el mercado o crecer y diversificarse. Recuerdo a ese cliente que una vez, desesperado, me ilustró su situación diciendo: "Estamos aquí enfrentando la peor de las batallas, todos desperdigados, cada uno disparando hacia un flanco distinto, y yo me detengo y me pregunto: ¿dónde está mi coronel para que cierre filas y nos dé dirección? ¿Dónde? Y descubro que mi coronel es un Boy Scout que se fue de compras y nos abandonó en plena batalla (…)".

Lo anterior, aunado a las guerras de egos, los misiles lanzados entre silos, las luchas de poder, los conflictos entre las áreas y los desacuerdos en las tomas de decisiones, contribuyen a generar dilemas internos sobre el para qué trabajar en ese lugar, las prioridades y el equilibrio de vida. Además, están los conflictos familiares derivados de las largas y estresantes jornadas laborales, las exigencias económicas y la presión de todas las voces internas que hacen complot para que la persona no duerma, no piense con claridad y pierda el rumbo… Estas, entre otras variables, me sugirieron llamar "estilos guerreros" a los estilos.

Los estilos guerreros pretenden ser un espejo ante el cual el lector pueda mirarse y reconocer el tipo de batallas en que ha estado enfrascado, casi siempre de forma inconsciente, para después iniciar un camino de transformación personal que lo convierta en un líder que a su vez facilite el crecimiento y desarrollo de sus equipos diversos en género y edad, multiculturales y con miembros dispersos en las distintas sedes de su organización.

El título busca desafiar al lector para que se pregunte si el camino de la guerra es el que lo llevará a realizar su más alto potencial o si decide emprender la vía de integración de todas esas partes contradictorias, oscuras y claras, comprensibles y complejas, ligeras y pesadas que viven en su interior y que aquí llamamos "voces internas", que no es otro que el camino de despertar a la conciencia de sí mismo y de su sentido de identidad. Esto, para encarnar la máxima de Sun Tzu: "El supremo arte de la guerra consiste en ganar sin tener que combatir".

Las condiciones actuales en que se encuentra nuestro planeta no resistirán por mucho tiempo que los seres humanos vivamos en la violencia, promovamos la violencia y seamos violentos con nosotros mismos antes que nada. Considero imperativo que como especie evolucionemos a formas de relacionamientos que nos conecten con el deseo de construir y colaborar con los demás, a diferencia de formas que nos llevan al malestar, al resentimiento, a la destrucción. Y la primera violencia la ejercemos contra nosotros. De ahí que es en nuestro propio ser donde primero debemos realizar un trabajo importante.

El proceso de acompañar a personas, equipos y organizaciones utilizando modelos como el del coaching con el equipo interno facilita el camino "de regreso a casa"; es decir, al encuentro consigo mismo y a responder preguntas existenciales como:

- ¿Quién soy?
- ¿Cómo estoy conformado por dentro?
- ¿Cómo puedo aprender a mirarme a mí mismo de una forma empática, compasiva y que me lleve a contribuir a la felicidad propia y a la de los demás?
- ¿Qué necesito para ser capaz de aprender de esas partes de mi persona que una y otra vez me hacen caer en los mismos conflictos?
- ¿Estoy irremediablemente condenado a buscar una y otra vez otro lugar de trabajo cuando las cosas lleguen a su límite?
- ¿Cómo puedo lograr resultados satisfactorios creando bienestar, en lugar del desgaste actual que tengo y que provoco en otros?

Esta obra está dirigida a profesionales que acompañan a personas en disciplinas como el coaching, la consultoría o asesoría. Y también está dirigida al directivo, al gerente líder que desea desafiarse a sí mismo aprendiendo a abrazar la perfección de todo lo que vive en su interior, para ser capaz después de apreciar y potenciar a las personas que forman parte de su organización o a sus equipos.

Bienvenido a esta propuesta, que espero dé luz y facilite el camino de aprendizaje del líder, que no es sino el camino del aprendizaje permanente sobre uno mismo.

***

Iniciaremos la travesía presentando, en el Capítulo 1, el contexto general sobre la mirada al ser humano desde la óptica de las voces interiores. Los fundamentos de este enfoque fueron desarrollados por Hal y Sidra Stone en 1989.

Ellos plantean que los seres humanos estamos formados por una especie de caleidoscopio de fuerzas o voces internas, y con su propuesta amplían la noción de lo que llamamos nuestro sentido de identidad. Identificarse con una voz o con un estilo no significa que el opuesto esté ausente en la vida. Solamente no lo vemos, somos ciegos a su presencia.

El Capítulo 2 incorpora el planteamiento de los extremos en los que preferimos vivir a partir de la matriz formada por los ejes del tiempo y el espacio, propuesta por Fritz Riemann.

Se hablará de cómo algunos prefieren tomar distancia, mientras otros buscan la cercanía de la gente. Unos prefieren la seguridad, la estabilidad y permanecer en sus relaciones, mientras que otros alientan el cambio. Este capítulo ofrecerá elementos para comprender algunos de los conflictos que enfrentan las personas por estas preferencias básicas espaciotemporales.

En el Capítulo 3 explico la forma en que se gestó esta idea de los estilos guerreros y las culturas seleccionados para facilitar a las personas la comprensión de los estilos, que son las vikinga, maya, espartana y bereber (del Sahara). Relato algunas reflexiones derivadas de autores que han marcado mi camino y mi comprensión del ser humano.

En el Capítulo 4 describo el estilo vikingo, en qué consiste, cómo se distingue a las personas con este estilo, y de ahí paso a hacer la descripción de las principales voces internas que he identificado en quienes agrupo como vikingos: el fuerte, independiente, arriesgado, impulsivo, exigente, exitoso, aventurero, rebelde, ambicioso, impaciente y ejecutivo. Cada una de las voces está ilustrada con una historia que exagera deliberadamente la forma en que alguien se identifica con esa parte de sí mismo. De esta forma, el lector podrá ir descubriendo cómo los seres humanos podemos limitarnos en el concepto que tenemos de nosotros mismos y por lo tanto en el alcance de nuestras acciones.

El Capítulo 5 describe el estilo maya: en qué consiste, cómo se distingue a las personas que lo tienen, y de ahí paso a hacer la descripción de las principales voces internas identificadas en los que agrupo como mayas: el complaciente, respetuoso, empático, postergador, seguidor, esforzado, tradicional, romántico, entregado, el buena gente y el humilde. Cada una, con su respectiva historia que la ilustra.

En el Capítulo 6 describo el estilo espartano: en qué consiste, cómo se distingue a las personas que lo tienen, y la descripción de las principales voces internas que he identificado en aquellos a los que agrupo como espartanos: el perfeccionista, crítico, responsable, justo, competitivo, racional, escéptico, controlador, disciplinado, ahorrador y eficiente. Igual que en los capítulos anteriores, ilustrado con una breve historia para cada voz interna.

El Capítulo 7 describe las principales voces internas que he identificado en el estilo bereber: el entusiasta, emprendedor, sociable, soñador, creativo, cambiante, seductor, espíritu libre, hedonista y víctima. Aquí también las historias dan vida a cada una de las voces del bereber.

El Capítulo 8 se titula "Y, ¿cómo se da la transformación?", y responde a la pregunta: y ahora, ¿qué hago con esto? ¿Cómo emprendo la transformación para no quedarme atascado en estereotipos y aprender a ser más efectivo en mis relaciones con los demás? Este capítulo muestra lo que es el sistema Hagakure® que llevo ya casi una década desarrollando. Tomo algunos principios del código samurái del siglo XVII denominado "Hagakure o las hojas ocultas" y los elaboro e incluyo como parte de mi sistema de trabajo, no solo con clientes de coaching, sino también en intervenciones organizacionales.

En el Capítulo 9, "Entrena tu mente, tu cuerpo y tu espíritu", presento pensamientos de autores que han recorrido un largo camino de evolución en el desarrollo de la presencia, la atención consciente y la meditación. Esto es para brindar un contexto más amplio de las prácticas que sugiero de manera personal para alcanzar otro nivel de conciencia sobre nuestras voces interiores y la forma de evolucionar en esa espiral que va hacia el centro sin polaridad, donde reconectamos con el amor incondicional por nosotros mismos.

La sección de Anexos contiene primero una parte histórico-anecdótica de cada una de las cuatro culturas que alimentan esta propuesta. Hago un breve recorrido histórico-cultural por algunos de los rasgos de cada cultura de la antigüedad y que fueron los que me llevaron a elegirlas precisamente y no a otras.

Luego presento tablas que sintetizan cada uno de los estilos y un resumen de los cuatro estilos para aquellos lectores que prefieren ver el contenido de manera sintética.

Gran cantidad de las propuestas de liderazgo se enfocan en desarrollar ciertos tipos de líderes, excluyendo a otros. Prioriza ciertos comportamientos y hace todo por desarrollarlos, mientras que anula a los que considera "fuera del carril". Al usar los principios de Voice Dialogue, creado por Hal y Sidra Stone, se hace evidente que todos los arquetipos casi mágicamente se unifican al profundizar en nuestra vida interior tan diversa.

Esta es una apuesta a abrir el campo a un liderazgo multicultural, incluyente, que tome la diversidad como un sobreentendido y no se coloque desde una polaridad para intentar "investigar", como objetos, a todos aquellos que se comportan distinto de mí. Es un modelo que abre el camino hacia el cambio de paradigma que hemos utilizado para comprender al ser humano, para mirarlo desde su potencialidad, su grandeza, la abundancia de recursos internos con los cuales enfrenta su complejidad. Desde lo más profundo de su interior hacia fuera, y no al contrario.

Quien domine las energías, fuerzas o voces que habitan en su interior estará en camino a convertirse en un líder exitoso. Es una jornada de toda la vida. Si se recorre el camino con amor, respeto, curiosidad y, sobre todo, honrando a cada una de las voces que conforman el sistema interno, no importa hasta dónde se llegue, pues lo importante no es alcanzar la cima, sino el trayecto que lleve hasta allá.

Capítulo 1

Voces interiores y diversidad humana

*Cuando veas a una persona digna, trata de imitarla.
Cuando veas a una indigna, examínate a ti mismo.*
Confucio

Este capítulo es la puerta de acceso a la comprensión del modelo que sustenta esta obra, paso necesario para abordar más adelante los estilos guerreros.

Ofrezco algunos conceptos presentados de forma extensa en mi primer libro, *Coaching para líderes*,[2] sobre las voces que nos habitan. Subrayo que aquí hay actualizaciones de la versión publicada en 2013, especialmente en la descripción de los estilos derivados de la matriz de polaridades.

Este modelo parte del reconocimiento de que los seres humanos nacemos indefensos y vulnerables, gracias a lo cual también poseemos posibilidades infinitas para actualizar nuestro potencial. Todos tenemos una serie de necesidades básicas, tanto de naturaleza fisiológica, como afectivas, emocionales y espirituales que durante toda nuestra vida debemos cubrir en mayor o menor intensidad. Dentro de ellas destacan las de seguridad, aceptación, aprobación, pertenencia y afecto.[3]

---

2 Fierro Evans, Laura: *Coaching para líderes*. Ediciones Granica, Buenos Aires, 2013.
3 Hal y Sidra Stone, *Embracing Our Selves*, Nataraj Publishing, Mill Valley, 1989.

Los creadores y fundadores de la escuela llamada *Psychology of Selves*, más conocida como *Voice Dialogue*[4] proponen que el objetivo del trabajo con las voces interiores es el desarrollo de un nivel de conciencia que nos ayude a reconocer y a aceptar todas las fuerzas internas que nos constituyen, aun las que comúnmente rechazamos.

Cuando un niño pequeño es castigado por hacer algo que en su familia es considerado un comportamiento incorrecto, con tal de recibir la aprobación y aceptación de sus padres, dejará de hacer aquello por lo que fue castigado. Y con el tiempo, esa conducta pasa al lado "oscuro" o "sombra" de su personalidad. Será entonces cuando criticará duramente a quienes se comporten de esa manera, a diferencia de él, que con seguridad hace años dejó de hacerlo por las posibles consecuencias que tendría el mantener esa conducta.

¿Qué hay detrás de esos comportamientos que nos acompañan a lo largo de nuestra vida y a los que llamamos nuestra "forma de ser"? El miedo. La emoción más primitiva, la primera con la que contacta un ser humano cuando se enfrenta al riesgo de que alguna de sus necesidades básicas no sea cubierta. Miedo al rechazo, a la exclusión, al abandono, a la humillación, a la injusticia.[5] Haremos muchas cosas con tal de ser aceptados, incluidos, respetados o apreciados

De esta forma, el temor es solo una cara de la moneda. La otra cara es la necesidad que debe cubrirse.

- La necesidad de pertenecer lleva implícita de diversas formas nuestro miedo al rechazo y la exclusión.
- La necesidad de ser aceptado y querido es la otra cara del miedo al abandono.
- La necesidad de ser reconocido y apreciado corres-

---

4 *Ibidem.*
5 Riemann, Fritz: *Grundformen der Angst.* Reinhardt Verlag, Munich, 2003.

ponde con el miedo a la humillación, la indiferencia o la burla.
- La necesidad de justicia habla del temor a la inequidad y a los favoritismos.

Y si observamos con cuidado la moneda, esta no es plana, tiene un canto que constituye la unión de ambas caras. De la manera en que nos relacionemos con ellas –el miedo y la necesidad– resulta el grosor de ese canto al que llamamos nuestra "identidad".

Las experiencias que tenemos desde muy pequeños nos van poniendo en contacto con esos temores. Todos buscamos sentirnos bien y hacemos lo posible por evitar el malestar. Pongo un ejemplo de mi infancia. Recuerdo esa sensación corporal y emocional del castigo de "te vas a tu habitación y no sales en toda la tarde". La soledad impuesta no es nada agradable. Las horas parecen días. Para no sentir tanto dolor, con frecuencia me quedaba dormida un buen rato, así el tiempo del castigo pasaba más rápido. Y como si el efecto fuera mágico, al salir del castigo estaba más amable, obediente y cuidaba –al menos un rato– evitar aquello por lo cual podría merecerme un nuevo aislamiento. ¿Cuál era mi necesidad? Pertenecer, ser aceptada. ¿El miedo? Al rechazo.

¿A qué viene esto? A que dentro de nosotros se van gestando esas "voces" que internamente nos dictan lo que debe ser y lo que no debe ser, lo que se espera de una niña buena y lo que pasa con una niña que se comporta mal. Con el paso del tiempo, y gracias a los aprendizajes que vamos acumulando, ya no necesitamos el regaño externo, pues dentro de nosotros pareciera "como si" las voces de nuestros padres habitaran y nos castigaran por las cosas que hacemos. Nos decimos entonces frases –bastante violentas, por cierto– como: "¡Pero qué idiota soy!", "¡Soy una inútil, todo me sale mal!", "¡Por eso es que nadie me quiere!", "Si tuviera un cuerpo como el de aquella, unos ojos como los de la otra...". Y no nos damos cuenta del efecto destructivo que tiene en nuestro ser esa forma de relacionarnos con nosotros mismos.

Queremos ser felices pero hacemos todo lo posible por hacernos la vida miserable con la manera en la que nos tratamos.

Ahora bien, la voz del crítico interno que he descrito es solo una de docenas, de cientos de voces que nos habitan y a las que a veces escuchamos y otras solo se apoderan de nosotros y actúan de forma autónoma, independientes de nuestra conciencia y de nuestra voluntad.

Cada vez que nos describimos mediante las características que más nos distinguen, no estamos haciendo otra cosa que nombrar a nuestras voces interiores. Tímido, impulsivo, amable, respetuoso, alegre, ambicioso, para poner ejemplos, son los descriptores de ese tipo de tendencia personal a actuar y relacionarnos de una manera específica para diferenciarnos de la forma opuesta de proceder.

La serie de voces con las cuales nos identificamos son llamadas "voces primarias".[6] Constituyen una especie de mapa o guía que activan nuestro cerebro para actuar en el camino de la vida: nos ayudan a filtrar información, a seleccionar lo agradable, lo aceptable, lo bueno, lo útil, lo que nos alimenta internamente. Y claro, a rechazar lo que nos han dicho que es despreciable, malo o incorrecto.

Cuando somos adultos, entonces, nos regimos por esas voces o fuerzas internas que tenemos programadas desde tanto tiempo atrás que ni cuenta nos damos de su existencia, dado que aparecen en la forma de pensamientos automáticos, impulsos, hábitos y toma de decisiones. Y no sabemos cómo ni de dónde surgieron, pero ahí están. Es lo que decimos "que somos" frente a lo que declaramos "no ser" en nuestra vida: la definición de nuestra identidad.

---

6 Hal y Sidra Stone, *op. cit.*

Pongo el ejemplo de Enrique. Cuando tenía unos 4 o 5 años, un compañerito del jardín de niños le enseñaba a contar chistes de doble sentido que ni entendía, y a decir malas palabras. Enrique era conocido entre todos sus primos mayores como el "maestro" de vocabulario prohibido y por ser quien contaba chistes que nadie más sabía. De adulto, Enrique es un investigador universitario que solo habla de temas serios; introvertido e increíblemente correcto, rara vez se lo ve riendo, y menos haciendo reír a otros, y destaca por su lenguaje erudito. Muy pocos recuerdan aquella época en que solía ser el alma de las reuniones infantiles. De hecho, solo los que eran bastante mayores que él se acuerdan.

¿Qué pasaba en su casa cada vez que contaba alguno de sus chistes en aquella infancia lejana? Y con lo que sucedía en casa, ¿qué efecto se generaba en el interior de Enrique? ¿Qué se decía a sí mismo? ¿Qué conflictos internos le generaba? No tiene que haber una historia violenta detrás, sino el descubrimiento de que "ese camino" tal vez no lo conducía a la aceptación o reconocimiento que buscaba de sus padres, ambos intelectuales, serios, correctos. Y el resultado ahí está: en el hombre serio y correcto en que se transformó.

¿Por qué? Con seguridad la primera forma de relacionarse no le sirvió y pagó un alto costo emocional por ello, de ahí que eligiera el otro camino con el cual sí recibía la recompensa emocional que necesitaba: ser aprobado por sus padres. Podemos suponer que ese aspecto "chistoso", picante, se convirtió en su "lado oscuro" y es ahora lo que combate cuando escucha a sus hijos decir malas palabras o contar chistes de doble sentido. Cree que él es solamente y desde siempre el erudito intelectual que es hoy. Su mente dejó bien guardado y sellado al "Enrique chistoso" para no intervenir negativamente en la nueva versión que inventó de sí mismo con el paso de los años. La película *Intensa mente* muestra este proceso con unas imágenes sumamente simbólicas. Se trata de los "castillos" que se derrumban y caen en el "basurero negro" cada vez que Riley, la niña protagonista, va experimentando ciertos eventos tristes o dolorosos en su crecimiento.

Nuestra educación nos ha hecho creer a lo largo de muchos siglos los conceptos básicos de moralidad como bien o mal, virtud o pecado. Seguramente en algún momento de la vida nos encontramos ante la disyuntiva: seguir el camino de los "buenos" o el de los "malos", como si fuera algo determinante, rígido e irremediable. Si me junto con tales niños, seré de los buenos; y si por el contrario acepto jugar los juegos de los "otros", cambiaré de bando y no habrá vuelta atrás. Dado que deseamos sentirnos bien con lo que elegimos, siempre creemos que estamos del lado correcto. Nuestras voces interiores y nuestras creencias se encargan de reforzarlo.[7]

Usando esta lógica, no importa dónde nos encontremos parados, siempre sentiremos que estamos en un camino que parece ser nuestra única opción, y que allá afuera, del lado opuesto, se encuentran aquellos a los que se dirige nuestro juicio crítico y a los que hay que combatir: están equivocados y queremos cambiarlos.

*Creer que soy "esto y **no** aquello", me limita.*
Reconocer que soy "esto y lo otro" me abre el camino del líder.

Insisto, los seres humanos estamos habitados por una serie de fuerzas, impulsos, energías o voces interiores, como se elija llamarlas. Una mueve a pensar en una opción, y otra conduce al cuerpo a realizar lo opuesto. Una me dice que debería contarle a alguien una serie de cosas para finalmen-

---

[7] Los humanos somos seres de "creencias" o supuestos sobre nosotros mismos, sobre los demás, sobre el mundo, sobre las organizaciones en que trabajamos o hasta sobre la vida y la muerte. Las creencias se esconden detrás de nuestra percepción, de nuestra forma de juzgar, de cualquier elección que tomamos, y por lo regular están influidas por la cultura, el grupo social, la religión, y factores familiares y personales.

te poner límites a esa relación, y otra pareciera que me tapara la boca al tener a esa persona frente a mí. Una tercera con seguridad me recriminará más tarde el no haber dicho lo que quería, y puede ser que una cuarta voz me esté susurrando al oído que probablemente el otro tenga razón, pues todo es culpa mía.

Si logramos distinguir estos diálogos interiores y diferenciar las energías propias de cada una de estas voces, descubriremos de qué manera la diversidad nos habita y comenzaremos a comprender el origen de nuestras guerras interiores.

Muchos enfoques y escuelas nos han hecho creer que los seres humanos somos algo así como identidades rígidas o limitadas a una sola forma de ser, cuando en verdad somos un abanico enorme de formas de relacionarnos.

Los elementos con los que estaremos tratando son:

1) Lo que decimos al mundo que es nuestra identidad es la expresión de esas voces interiores con las que nos identificamos y a las que se les llama "voces primarias".

2) Siempre nos identificamos con una polaridad. Del lado opuesto, y de igual tamaño —como un espejo— aparece su contrario. Es lo que declaramos: "yo no soy así", que los Stone llaman el "yo rechazado".[8] Si yo, por ejemplo, me considero muy rápida y eficiente, rechazaré a la gente lenta o ineficiente, como si toda lentitud o ineficiencia estuviera por completo fuera de mi existencia. Ellos representan ese "yo rechazado".

3) El tercer elemento es el "estilo". Estoy llamando estilo al conjunto de voces interiores que podemos imaginar que se reúnen como en un coro y constituyen esa forma de ser con la que nos identificamos. Todas juntas crean una coherencia interna con la

---

8 Hal y Sidra Stone, *op. cit.*

que actuamos hacia el exterior. Veremos cómo cada estilo está formado por una serie de voces. Cada una de ellas tiene características propias, como si fuera un personaje de una gran trama que somos nosotros mismos, y quisiera ser la protagonista de la historia; nos lleva a relacionarnos con los demás de acuerdo con sus particularidades. Pero como estamos conformados no por una, sino por una gran diversidad de voces internas, el resultado no siempre es tan armónico como quisiéramos.

Muchas veces nos preguntamos cómo es posible que con ciertas personas podemos ser claros y directos, mientras que con otras sencillamente nos quedamos callados. ¿Cómo es posible que en el trabajo seamos autoritarios, controladores, capaces de gritar si lo consideramos necesario, y en casa tomemos actitudes sumisas, callemos, permitamos que nuestra pareja o los hijos nos traten mal? Surgen preguntas del tipo: ¿cómo me puede estar pasando esto a mí? Las respuestas se irán clarificando en la medida en que vayan reconociéndose a los que aquí llamaré los jugadores del equipo interno.

Identificarse con una voz o con un estilo no significa que el opuesto esté ausente en la vida. Simplemente no lo vemos, somos ciegos a su presencia.

4) Las voces tienen siempre como intención última contribuir al bienestar de la persona. Surgen para protegerla de alguna vulnerabilidad específica. Por oscuras que nos parezcan esas partes rechazadas que nos habitan, en el fondo siempre descubriremos una intención positiva que les da razón de ser.[9]

---

9 *Ibidem.*

Capítulo 2

Las polaridades o vivir desde los extremos

> *Cuando todos reconocen la belleza como belleza*
> *están definiendo la fealdad.*
> *Cuando todos reconocen lo bueno como bueno,*
> *están al mismo tiempo definiendo la maldad.*
> *Así, ser y no-ser se generan el uno al otro,*
> *lo fácil y lo difícil se complementan entre sí.*
> *Lo largo y lo corto son mutuamente relativos.*
> *El sonido y el tono se armonizan.*
> *El antes y el después se suceden.*
> Lao Tsé, Tao Te King

En el abordaje de las voces interiores, el concepto de polaridad es clave. Se lo define como: "Pares de opuestos que son interdependientes y se necesitan el uno al otro para existir."[10] Dado que ambos son interdependientes, no es posible elegir uno solo sin que la consecuencia sea un desequilibrio y la caída en algo que quería evitarse.

Ilustro lo anterior con un ejemplo. Muchos clientes que he tenido se describen a sí mismos como "orientados a resultados" y combaten ferozmente a los que están "orientados a las personas", a quienes juzgan de débiles, ambiguos y blandos. Se quejan de ellos y, si son sus jefes, les hacen la vida difícil, los presionan, les exigen, les aplican *micromanagement*

---

10 Johnson, Barry: *Polarity Management*, HRD Press, Michigan, 1996.

en su intención de hacerles entender que no les pagan para hacer amigos, sino para dar resultados.

Por otro lado, paradójicamente, después de una evaluación 360 de liderazgo, la organización les solicita hacer un proceso de coaching o entrenarse en "habilidades suaves" para que aprendan a orientarse más a las personas, pues su exagerada orientación a resultados ha creado problemas tales como un mal clima laboral, rotación, estrés, gente en conflicto constante y ausentismos por enfermedad. Por lo regular, estos clientes se sienten amenazados y casi alcanzados por un proyectil que los lanza contra la pared opuesta.

—Entonces, ¿ahora se trata de que todos seamos lindos amigos y cada uno haga lo que quiera?

—¿Dónde va a quedar la disciplina?

—¿Qué va a pasar con las metas y los resultados?

Es comprensible el dilema al que se enfrentan. En las siguientes páginas iré mostrando la forma de disolverlo sin poner en riesgo la productividad ni los resultados. La base está en que esos dos polos aparentemente opuestos son interdependientes. Se necesitan el uno al otro. No es posible dar resultados sin la gente o a costa de la gente.

La matriz de polaridades

Para dar orden a los múltiples opuestos desde los cuales valoramos la vida, resulta especialmente útil la matriz propuesta por el psicólogo alemán Fritz Riemann en su obra *Anatomía del miedo*.[11] Toma como ejes dos variables básicas: el tiempo y el espacio. Riemann sostiene que el principal factor que está detrás de nuestra selección de preferencias es la más primaria de las emociones: el miedo.[12] Miedo, como vimos antes, a no cubrir alguna de nuestras necesidades básicas.

---

11 Riemann, Fritz: *Grundformen der Angst*. Reinhardt Verlag, Munich, 2003.
12 Fierro Evans, *op. cit.*

Por ejemplo: si tengo miedo a que me descalifiquen, haré todo lo posible por ser reconocido. Si tengo miedo a que me excluyan, veré la forma de caerle bien a los demás, ser amable y complaciente. Lo que sucede es que esa necesidad queda casi siempre oculta. No nos damos cuenta de que es la que detona muchos de nuestros comportamientos. Y es la causa de que tengamos una comunicación tan poco asertiva con nosotros mismos y con los demás.

El eje del espacio

Los dos puntos opuestos se ubican en "cercanía" *versus* "distancia". Esto significa que las personas tendemos, por un lado a buscar el contacto, la interacción, la pertenencia a grupos o, por el contrario, a ser independientes, autosuficientes y poner límites a los demás. Es así que Riemann[13] llama a esta polaridad del espacio la paradoja entre vivir en los extremos de la dependencia y de la autonomía.

ESPACIO

CERCANÍA ———————————————————— DISTANCIA

Cercanía

La necesidad de cercanía está ligada al deseo de cuidado, de compañía, de compartir, de sentir pertenencia, adaptación, armonía, de ser validado por los otros. La dependencia de otros es percibida como fuente de seguridad personal; y el sentido de pertenencia, como una profunda aspiración.

Muchas culturas familiares y sociales promueven relaciones de dependencia entre sus miembros. Se valora la toma de decisiones en comunidad, se educa a los niños a pedir siempre opinión antes de dar pasos importantes y se espera una relación cercana entre las personas.

---

13 *Op. cit.*

El vivir en esta polaridad de una forma extrema muestra en la persona un miedo a ser excluido y a sentirse desprotegido. En su mundo, el otro, el "tú", adquiere una valoración desproporcionada, hecho que lo conduce a establecer relaciones de dependencia. Hará todo para que lo inviten, para estar en el grupo, para ser parte de un equipo o un club, pues quedarse solo es lo peor que podría pasarle.

Vemos entonces que la enorme capacidad para hacerse compatible con los grupos a los que se pertenece conduce a quien está en este punto a renunciar a sus deseos y necesidades, por estar dispuesto a ayudar y apoyar al otro.[14]

En el trabajo es alguien que se deja interrumpir para poder sentirse en contacto con otros. Como líder hace todo lo posible por crear un buen ambiente laboral y lo que más puede estresarlo es sentirse en medio de un conflicto.

Distancia

CAMBIO

TIEMPO

PERMANENCIA

Quien pone distancia frente a los otros, tanto física como emocional, es alguien que valora su libertad, su independencia y su autosuficiencia. Es alguien que decide dónde pone límites. Cuida mucho su territorio. Habita su propio mundo, y elige a los pocos que tendrán acceso a él. Su miedo es perderse a sí mismo por entregarse o confiar en algo que no necesariamente vaya a perdurar.

Dado que las emociones y los sentimientos nos acercan a los demás, la tendencia es disociarse de ellos y transformarlos en argumentos racionales y con aparente objetividad. Ve el amor, la atracción y la simpatía como peligros para su individualidad. Tiene miedo a la entrega porque

---

14 Riemann, Fritz: *op. cit.*

la considera una forma de perderse a sí mismo y una posible dependencia, que es lo que más combate en su vida. En este extremo valora la capacidad de tomar decisiones, de ser útil y de valerse por sí mismo.[15]

Quien tiene esta tendencia prefiere trabajar solo. Es muy bueno diciendo que no, sobre todo a reuniones que le parecen inútiles o trabajo supuestamente en equipo que prefiere terminar solo.

El eje del tiempo

El eje vertical del tiempo revela la paradoja entre el conservar y el cambiar. El primero es la ilusión de seguridad y estabilidad que proporcionan los eventos constantes a lo largo del tiempo sin aparentes cambios. Se refiere también a que las cosas sean como "han sido siempre".

El lado opuesto de este eje muestra la tendencia a buscar el cambio, la variedad, la diversidad, que lleva implícita la certeza de que nada en esta vida es para siempre, y lo único que no cambia es la realidad transitoria de la vida.

Este par de polos muestran por una parte la necesidad de estabilidad y seguridad, que es la tendencia a permanecer en la creencia de que puede vencerse al tiempo si se hace lo posible por no sentir su paso; y en el polo opuesto, la tendencia a vivir en el permanente cambio para tampoco sentir la fugacidad del tiempo.[16]

Permanencia

Alguien colocado en este extremo busca certezas, necesita seguridad y que las situaciones y relaciones perduren. La incertidumbre y el cambio le provocan ansiedad y los evita

---

15 *Ibidem.*
16 *Ibidem.*

en lo posible. Tiende a aferrarse a sus rutinas, que lo conectan con la seguridad de lo tangible y controlable. "Más vale malo por conocido que bueno por conocer" es una de las frases populares con las que se identifica.

Es cierto que en cada uno de nosotros se encuentra un deseo profundo de seguridad y constancia. Los hábitos y la vivencia de lo que nos resulta familiar nos posibilita vivir en un mundo que no termine en el caos. Si no existiera en el exterior un orden superior, en nuestro interior también regiría la confusión. Si bien la aspiración por la permanencia y la estabilidad puede reconocerse en todo ser humano, aun así hay una mayor o menor expresión de esta necesidad, dependiendo de en qué polaridad habite cada uno de nosotros.

En el mundo laboral, a la persona en esta tendencia le gusta el orden, la administración del tiempo, hacer listas y planeación precisa de cada acción. Es alguien que prefiere tener todo en blanco y negro, controlado y medido.

Cambio

En los mismos ríos entramos y no entramos,
pues somos y no somos los mismos.
Heráclito

El saber que el cambio es inherente a la vida provoca miedo a lo que parece estático, rígido, inamovible. Las personas que se identifican con esta polaridad consideran que el cambio es sinónimo de vida y que lo único permanente, inevitable e inexorable es la muerte. Quien se coloca en la vida prefiriendo la variedad percibe aquello que es rutinario o estático como una amenaza a su libertad, que es su valor más preciado.

El que ama el cambio tiende a vivir gozando el presente, y se encuentra en constante búsqueda de nuevos estímulos para no aburrirse. Quiere desafiar los límites y convenciones, de ahí que por lo general sea creativo y encuentre nuevas formas de activarse a sí mismo y de contagiar a otros.

Los miedos que hay detrás de su deseo de libertad son justamente al orden, a envejecer, a la muerte, a las convenciones sociales y al compromiso. Es decir, a todo lo que le parece limitante en esta vida.[17]

En el trabajo es todo menos convencional. Su orientación es al futuro y prefiere intercambios cara a cara que por correo. La espontaneidad es más valorada que el cumplir con agendas.

Los estilos

Al cruzar las variables de espacio *versus* tiempo, resulta el modelo de cuatro cuadrantes que conforman cuatro polos desde los cuales percibir el mundo. Ellos son los grandes paradigmas que sirven para juzgar y comprender la realidad, y proteger ese núcleo de vulnerabilidad que se convierte en el "tesoro" oculto más preciado de nuestra vida.

Estos cuatro polos derivan de la siguiente combinación de pares:

1. Cambio y distancia
2. Cercanía y permanencia
3. Permanencia y distancia
4. Cercanía y cambio

Figura 1

---

17 *Ibidem.*

Una vez agrupados, podemos hacer dos cortes: uno vertical y uno horizontal, y así identificarlos por el polo que tienen en común.

Al hacer un corte vertical encontramos las siguientes preferencias:

a) El **hemisferio derecho** agrupa dos estilos (1 y 3) que comparten su tendencia por mantener **distancia** y orientación al resultado, aunque uno es promotor del cambio y el otro enfatiza la seguridad y la estabilidad. Se trata del conjunto de voces cuyas preferencias están identificadas con las capacidades cognitivas, la ejecución de tareas; lo racional.

b) El **hemisferio izquierdo** incluye los estilos 2 y 4, con orientación a las personas y las voces internas que se abren al mundo emocional. Este conjunto de voces se ancla en la necesidad de pertenecer a un grupo. Sentirse bien, cálido y confortable emocionalmente es lo más importante, sin importar si su tendencia es a cambiar o a permanecer en el espacio.

Haciendo luego un corte **horizontal**, encontramos:

a) El "norte", que agrupa los estilos 1 y 4, que se identifican con voces internas movidas por preferir el cambio, son los emprendimientos, hazañas, descubrimientos y creaciones. Se trata de un conjunto de voces internas que mueven a la intensa interacción con otras personas para sentirse seguras.

b) El "sur", constituido por el par de estilos 2 y 3 cuyas voces internas se identifican con alimentar la tradición, los hábitos y las herencias culturales. Son los que pueden estar bien consigo mismos sin necesidad de hablar mucho o salir al mundo, a la fiesta y la intensidad.[18]

---

18 Thomann, Christoph: *Klärungshilfe 2: Konflikte im Beruf.* Rohwolt Taschenbuch, Hamburgo, 2004.

El caso de Hugo

> *La gente podrá hacer cualquier cosa,*
> *no importa cuán absurda sea,*
> *para evitar enfrentarse a su propia alma.*
> Carl Jung

Hugo es gerente en una empresa multinacional del ramo de electrónica. Hace más de un año comenzó a enviar solicitudes a las oficinas corporativas para acceder a un puesto en una sede internacional, y en tres ocasiones sus solicitudes fueron rechazadas. Él no solo se considera bueno en lo que hace, sino que vive con la certeza de que sus capacidades están muy por encima de las de sus colegas, incluidos sus jefes. Tiene una mente brillante y un pensamiento estratégico "natural" e intuitivo que lo conduce a encontrar las mejores soluciones para los problemas más complejos, y además le permite anticipar situaciones que los demás no perciben.

Para Hugo, su trabajo es su gran pasión. Está comprometido con sus resultados, con su empresa y con hacer una carrera en la que lo mejor de sí mismo pueda brillar. Cuando entra en conflictos con sus colegas, sabe que es el único que llega con un análisis exhaustivo de la problemática y con escenarios posibles de solución. Por lo tanto, sabe que tiene la razón en casi todo. Y esto es lo que más lo llena de energía.

Cuando le preguntan a Hugo ¿Y tú cómo eres?, él se define como racional, analítico, inteligente, competente, orientado a resultados, confiable, estable. "Soy un buen ejemplo a seguir y un *benchmark* o caso de éxito en la compañía."

Sin embargo, el director decide enviarlo a un proceso de coaching. En la primera reunión, donde se encuentra el gerente de Recursos Humanos, el director, el gerente de producción –que es su jefe directo– y su coach, le presentan los resultados de una evaluación de 360° en la que el director concluye:

—Hugo, todos en esta sala reconocemos tu gran inteligencia. Pero estamos enviándote a este proceso de coaching porque eres una persona demasiado visceral, tus arranques son conocidos por todos y generas un mal clima laboral. Necesitas trabajar mucho la forma en la que tratas a la gente, pues una cosa es mantener la disciplina y otra es burlarse sarcásticamente de los demás. Debes aprender a pensar lo que dices y cómo lo dices. Aprender que no es necesario poner en evidencia un error para que alguien lo corrija. Así que si quieres saber las razones por las cuales has sido rechazado en tus postulaciones para el extranjero, esa es la razón. No puedo permitir que ese trato que das a la gente acá lo vayas a repetir en otro país, pues pondría en riesgo tu permanencia en la compañía.

Cuando su coach se quedó a solas con Hugo, el hombre estaba con los ojos como platos. Se tomó la cabeza con las manos y dijo:

—Ahora no entiendo nada. Lo peor, es que no entiendo ni lo que soy. ¿Quién soy yo entonces? Cuando me dijo esas cosas el director, pensé que me estaba hablando de otro que no era yo. Creo que se están inventando historias sobre mí y eso me confunde mucho.

—¿Qué hace que te sientas confundido? —preguntó la coach.

—Me siento cada vez peor en la compañía. Me tienen todos etiquetado, han creado un estereotipo de mí y no les gusto. Puedo tratar de manejarme como monje zen y seguirán diciendo que soy impulsivo y agresivo. Puedo llegar a hablar de los hechos y hacer los análisis más racionales, solo para que me vuelven a echar en cara que soy déspota. La verdad es que no puedo hacer nada por cambiar esa imagen completamente errónea que tienen sobre mí.

—¿Nada?
—Nada. Yo no soy eso que dicen que soy. Y lo peor es que haga lo que haga, ellos solo comprueban su prejuicio y su estereotipo. ¿Sabes cómo me siento? Como si yo hubiera visto una película y cuando se las cuento, ellos están inventándose otra…

¿Quién tendrá razón? Si nos ponemos a discutir sobre esto, con seguridad no llegaremos a ningún lado. ¿Qué podemos hacer para salir de la guerra de juicios en que se encuentra atrapado Hugo? ¿De qué manera podemos acompañarlo a mirarse desde la diversidad de contradicciones que viven en él para que logre esa transformación de la que es capaz?

Lo primero que necesitamos saber es que tanto el director como él tienen razón. Desde el punto de vista del director, y con la perspectiva desde la cual él observa a Hugo, podemos coincidir en que así es Hugo. Podrían tomarse videos que lo confirmaran. Y también podríamos recabar evidencias para comprobar que Hugo tiene razón y que también así es él.

¿Qué puede ayudarnos a entender esta disparidad en la apreciación?

Hugo, al iniciar el proceso de coaching, ganaba sus batallas usando sus voces "inteligente, analítico, racional, competente, estable". Al hacerlo, declaraba la guerra contra todo lo que se le oponía: "lo tonto, impulsivo, irracional, incompetente y cambiante" que era, curiosamente, lo que el director le estaba marcando como su área a desarrollar. Podemos hacer una analogía con la famosa novela *El extraño caso del Dr. Jekyll y Mr. Hyde*, escrita en 1886 por Robert Louis Stevenson. Hugo se describía a sí mismo como el Dr. Jekyll, el hombre distinguido, mientras que el director envió a coaching al "otro dentro de él", el "aniquilador" que aparecía en situaciones de estrés y conflicto; el que sería Mr. Hyde que actuaba sin que su "propietario" se percatara de su existencia.

Si solo escucháramos la versión de Hugo, comprenderíamos su sorpresa y su cuestionamiento sobre "¿quién soy?". ¿Era este que decía ser, o es aquello de lo que lo acusaban y se negaba a aceptar su estrategia de guerra?

Hugo se dio cuenta, en su proceso de coaching, que su "estrategia de guerra" desde pequeño había sido dejar bien claro que él era más inteligente que los demás. Dedicó muchos años a estudiar para mostrarlo a diario, sobre todo en su casa. Su lucha era "La batalla de los inteligentes contra los tontos". Tenía su vida clasificada alrededor de lo inteligente o lo tonto. Aceptaba relaciones de amistad siempre y cuando se tratara de "gente inteligente". Lo que más despreciaba era cualquier signo de lo que a él le parecía tonto. Y un día se dio cuenta del origen de este mapa mental. Para ser aceptado en su familia debía mostrar inteligencia, ya que el padre constantemente insistía: "En esta casa, los tontos no caben. Todos mis hijos deben ser por lo menos tan inteligentes como yo, si no más".

La necesidad de pertenencia y aceptación eran el origen del impulso de Hugo por ganarle al "tonto interior" y de querer aniquilar cualquier signo de eso en el exterior. Curiosamente, al darse cuenta –y casi desplomarse en la silla por el descubrimiento– su exclamación fue:

—¡Pero qué tonto he sido toda mi vida! ¡Mientras más combatía con fiereza a los tontos, más tonto me volvía yo!

Capítulo 3

Las culturas guerreras

> *Heráclito reprocha al poeta que dijo: "¡Ojalá se extinguiera la discordia entre los dioses y los hombres!", a lo que responde: "Pues no habría armonía si no hubiese agudo y grave, ni animales si no hubiera hembra y macho, que están en oposición mutua. La guerra es el padre y el rey de todas las cosas".*
> Heráclito

En este capítulo conoceremos de dónde surge esta propuesta de los estilos guerreros que resultan de la matriz de polaridades expuesta en el capítulo anterior.

Figura 2

Howard Gardner, al escribir su teoría sobre las inteligencias múltiples en 1983,[19] marcó un hito en el estudio de la mente al comprobar la existencia de "inteligencias" dependientes de zonas específicas del cerebro y, además, destacó cómo las principales culturas a lo largo de la historia han privilegiado el desarrollo de alguna de ellas.

En su obra, Gardner cuestiona la prioridad que desde la Revolución Industrial se ha dado a la inteligencia lógico-matemática a costa de desvalorar o descuidar todas las demás desde la educación básica. El autor hace preguntas como:

¿Quién es más inteligente: el que sabe resolver problemas aritméticos o un compositor de música como Mozart que ha trascendido en la historia?

¿Qué denota más inteligencia: la capacidad de orientarse en medio de la selva y llegar a su destino o la de correr largas distancias en un tiempo récord?

¿Es más inteligente aquel que puede comprender y ser empático con cualquier persona o el que tiene habilidades de creación literaria?

Su teoría describe ocho inteligencias: lógico-matemática, lingüística, musical, espacial, emocional, kinestésica-corporal, naturalista (añadida 10 años más tarde al modelo), y las que llamó "inteligencias personales", que abarcan la intrapersonal e interpersonal y constituyen la que después se ha hecho conocida como inteligencia emocional.[20] Ninguna es "más inteligente" que otra. Todas existen en potencia en todos los seres humanos. Algunas aparecen como talentos especiales pero en la gran mayoría de los casos las desarrollamos (o no) según se nos hayan estimulado en el medio familiar, educativo y social.

Las contribuciones de este autor han sido revoluciona-

---

19 Gardner, Howard: *Estructuras de la mente. La teoría de las inteligencias múltiples.* FCE, México, 1983.
20 *Ibidem.*

rias para la comprensión de este tema, pues su propuesta conduce a apreciar una gran diversidad de elementos y potencialidades que nos constituyen, y que nuestra educación y cultura sencillamente ha ignorado.

La cuestión no estriba en si "somos" inteligentes o tontos, sino qué inteligencia es necesario desplegar en qué contexto, con qué objetivo y con qué estilo o forma de relacionarse. No se trata de definirnos a partir de una sola de las múltiples partes que nos constituyen, y de limitar de esta forma nuestro propio sentido de identidad. Desde la propuesta de Gardner, no se deduce que una persona "sea" irremediablemente inteligente sino que demuestre tener alguna de las inteligencias que se esperan de ella.

De hecho, no solo los estudios de Goleman y de otros autores, sino la experiencia propia nos ha mostrado cómo, por ejemplo, un hombre increíblemente brillante, erudito, con una cultura y preparación profesional envidiables, puede ser al mismo tiempo infeliz, incapaz de relacionarse con otras personas, maltratar a otros y tener como resultado una vida que nadie que lo conociera podría envidiarle. ¿Cómo pasa esto? Por la sobrevaloración de unas características y siendo negligente con las opuestas que también son necesarias para el desarrollo de un ser humano completo.

La obra de Gardner ilustra además la forma en que la valoración de un tipo de inteligencia se ha visto reflejada en distintas culturas a lo largo de la historia. La educación, sus objetivos y prioridades han estado claramente moldeadas en función de la inteligencia que los gobiernos querían desarrollar y potenciar en sus ciudadanos. Según este autor, los valores imperantes en una sociedad dada, los mapas mentales, las expectativas de sus habitantes y las causas que defienden están igualmente impregnadas por la preferencia básica por una de las inteligencias, lo cual se mantiene oculto bajo las dinámicas culturales.

Por otro lado, investigaciones sobre el tema de liderazgo hechas por Daniel Goleman reflejan una dinámica similar en la cultura de las organizaciones.

> *En las nuevas investigaciones que realizamos los últimos años hemos descubierto que el estado de ánimo y las conductas del líder condicionan el estado emocional y las conductas de toda la organización. Un jefe irritable y despiadado crea una organización tóxica llena de gente con bajo desempeño que ignora las oportunidades; y un líder inspirador e incluyente engendra seguidores para los cuales ningún reto es inalcanzable.*
>
> *Para ser más específicos, el estado de ánimo del líder es contagioso y se distribuye rápida e inexorablemente a lo largo y ancho de toda la organización.*
>
> *Por tanto, el gestionar para obtener resultados económicos comienza porque el líder gestione su vida interior de modo tal que ocurra la reacción en cadena emocional y conductual.*[21]

Construyendo sobre lo anterior, Goleman encuentra que la cultura de la organización no es otra cosa que el reflejo del estilo personal del líder a lo largo del tiempo, sobre todo del fundador. Desde una perspectiva más amplia, la cultura de una sociedad es también el reflejo –a una escala mayor– de un estilo de gobernar, así como de aquello que se prioriza en la educación de la población. Si pensamos en la época en que los gobernantes ocupaban el poder durante décadas en los antiguos imperios, no es de sorprender que toda la sociedad se viera influida por el estilo del emperador o líder y que las acciones de sus pueblos se orientaran a desarrollar aquellas habilidades que eran especialmente valiosas para él.

Cuando comencé a experimentar con mi propuesta de los estilos guerreros, busqué –más intuitiva que científicamente– cuatro culturas que pudieran haberse hecho famosas por algunos rasgos característicos de sus individuos con los que al día de hoy se los identifica. Es decir, cuatro

---

[21] Goleman, Daniel; Boyatzis, Richard y McKee, Annie: *Primal Leadership: The Hidden Driver of Great Performance*, HBR, Watertown, Massachusetts, 2002.

culturas que pudieran "mostrar" una devoción especial por ciertas conductas, que se correspondieran –al menos en su generalidad– con la descripción de los estilos hecha por Thomann-Riemann.[22]

¿Por qué lo hice? Para acercar a los ejecutivos de empresa a conceptos y modelos que en la jerga psicológica muchas veces resultan confusos. Ofrezco esta herramienta para que uno descubra, en primer lugar, con qué tipo de guerrero se identifica, y en segundo, para después ampliar el concepto que hasta el momento ha tenido sobre sí mismo. Pero lo más importante es para que pueda tomar conciencia de los puntos ciegos que le gatillan estados poco efectivos de actuar con personas de los demás estilos.

He trabajado este modelo con cientos de personas de todos los continentes, orígenes culturales, niveles educativos –desde el secundario hasta especialistas– y en todos he obtenido una respuesta positiva interesada en seguir aprendiendo de los estilos y desarrollar cada vez más las habilidades de liderazgo que puedan conducirlos a ser efectivos en sus relaciones con cualquier tipo de persona, sin distinción de su lugar de origen o de estilo.

Puedo decir que los estilos guerreros son *contagiosos*. Las personas se impregnan fácilmente de las imágenes y sin darse cuenta empiezan a hablar de los estilos. Recuerdo una conferencia que di una vez en Washington. Era de las primeras ponentes. Después de mí, todos los demás disertantes hicieron alguna mención de los guerreros. En varios cursos y procesos con equipos internacionales, me he encontrado con gente que al inicio dice que se trata de una etiqueta y que cómo me atrevo a catalogar así a las personas. Pero al cabo de unas horas, están hablando de su colega espartano o de su esposa bereber, del jefe vikingo y

---

22 Thomann-Riemann, Christoph: *Klärungshilfe 2: Konflikte im Beruf.* Rohwolt Taschenbuch, Hamburgo, 2004.

de cómo ayudar a su colaborador maya a movilizarse con rapidez, como la organización lo requiere.

Dejo entonces la utilidad y practicidad del modelo al criterio del lector.

Elegí las siguientes culturas para hacer la descripción de estas cuatro tendencias humanas, cada una de las cuales agrupa a un conjunto coherente de voces internas:

1. La cultura vikinga.
2. La cultura maya.
3. La cultura espartana.
4. La cultura bereber del desierto del Sahara.

Para comprender los estilos guerreros

Los estilos guerreros son útiles y didácticos, tanto para ser aplicados en sesiones de entrenamiento en liderazgo como en procesos de coaching o de integración de equipos.

Si bien en una primera aproximación puede creerse que al usar culturas con características bien definidas estoy promoviendo la creación de estereotipos, esta idea pronto se desecha cuando se entiende la intención última de este trabajo. Los estilos guerreros son un mapa, no un territorio.

A lo largo de los años he observado que el desarrollo del máximo potencial de una persona o de un equipo viene concatenado con su aprecio por la diversidad y con la capacidad de aprovechar lo mejor de cada persona, cualquiera sea su estilo.

Cuando se capitalizan los talentos, a diferencia de cuando se señalan y juzgan las carencias, es posible abrir el abanico de posibilidades que existen ocultas en el sistema –ya sea en la persona o en el equipo–, para transformarse y lograr altos rendimientos.

Cada estilo guerrero está conformado por una serie

de voces interiores, que juntas, amalgamadas y fusionadas crean esa identidad que presentamos al exterior y nos hacen decir "yo soy así". Subrayo que en cierta forma nos engañamos si creemos que somos solo de una manera. En esta propuesta desarrollo, sobre el modelo de las voces interiores de Hal y Sidra Stone,[23] la visión amplia de eso a lo que llamamos nuestra identidad.

Antes de describir cada uno de los estilos, me permito puntualizar lo siguiente:

- No hay estilos "buenos" o "malos", "mejores" o "peores". Todos tienen una función positiva en nuestra vida, gracias a la cual nos sentimos protegidos y seguros. Irnos al extremo en el uso de un estilo puede crearnos conflictos, ya que se vuelve disfuncional.
- La gran variedad de posibles mezclas de unas voces con otras en cada estilo hace que cada persona sea única e irrepetible, a pesar de que en términos generales muestre comportamientos parecidos a los de personas aun de culturas muy distintas a la suya. Humanos somos, al fin y al cabo.
- Mientras más polarizado se viva un estilo, mayor será el nivel de conflicto con el que enfrentará a "esos contrarios" que se comportan de una manera opuesta a la suya. El lector puede reconocer cuán polarizado está cuando se define a sí mismo diciendo: "yo siempre he sido así y nunca voy a cambiar", "así somos todos en la familia", "está en mi ADN"…
- Los seres humanos tenemos en nuestro interior toda la gama de voces interiores, unas más desarrolladas que otras; unas que han llevado la voz cantante en nuestra vida y otras a las que prácticamente desconocemos. Pero ahí están, al menos en potencia, esperando ser reconocidas e integradas dentro del equipo interno.

---

23 Hal y Sidra Stone, *op. cit.*

- A menudo sucede que la principal fortaleza de una persona, si la ejerce de manera exagerada, se convierte en su mayor debilidad. Y viceversa.

Para las voces interiores, "lo fuerte es lo débil y lo débil es fuerte" –como ya lo sostenía en el siglo VI a.C. el filósofo chino Lao Tsé.[24]

A efectos prácticos, seleccioné varias voces propias de cada estilo, las que a lo largo del tiempo he constatado que trabajan en conjunto para conformar cada estilo guerrero. La intención es ofrecer más opciones de conocimiento personal para valorar el grado de influencia que puedan estar ejerciendo unas y otras en la vida.

Invito al lector a ponerse en disposición de explorar y escuchar aquellas voces con las que más se identifique, así como aquellas que le parezcan ajenas o extrañas. De todas pueden sacarse aprendizajes.

---

24 Lao Tsé: *Tao Te King*. Colofón, México DF, 2011.

Capítulo 4

El estilo vikingo
O la batalla por la independencia
y porque "yo puedo solo con todo"

¿A qué llamo "estilo vikingo"?

El vikingo está situado en la matriz de polaridades en el cuadrante superior derecho, que marca la tendencia al cambio y a la distancia. Una de sus voces interiores busca sorprender a los demás con los **resultados** que obtiene, siempre por encima de las expectativas. Se identifica también con ser una persona resolutiva que no necesita dirección. Cuando se propone algo, no hay obstáculo que se interponga en su camino ni desafío que considere irresoluble. Se encarga de demostrar que en especial puede ser **exitoso** ante retos difíciles. Se siente identificado como alguien que ama la intensidad y las **aventuras** extremas y osadas.

El guerrero vikingo quiere ser visto como **fuerte** en cualquier circunstancia de la vida, incluso las más adversas. Esta parte de él se encarga de responder a escenarios de emergencia en donde se necesite. Es el que rescata, el que resuelve en situaciones de calamidad. Es como aquellos vikingos de la antigüedad que parecían inmunes al dolor durante las guerras y estaban dispuestos a todo.

Las historias que cuentan los vikingos de sí mismos son épicas. Tengo un amigo que cuenta con lujo de detalle cómo se fracturó una pierna cuando quedó solo en una expedición al Aconcagua, y vio la forma de entablillarse solo y arrastrarse montaña abajo hasta que se desplomó al arribar al refugio. Otro caso es el de una amiga que bajo una especie de estado de alteración de la conciencia, en menos de dos minutos sacó a toda una familia de un coche accidentado y a punto de explotar. También está el que cuenta orgulloso cómo iba manejando a una altísima velocidad y logró salir ileso del coche hecho trizas tras estrellarse en una curva de la carretera.

Alguien que se identifica con ser fuerte y poderlo todo solo hará lo que esté en sus manos por ocultar cualquier dolor, malestar o enfermedad, y solo cuando verdaderamente se encuentre en el límite de sus fuerzas aceptará –como una derrota– contárselo a alguien y hacer algo al respecto. Su umbral de dolor es muy elevado.

Otra voz característica del vikingo –aliada de la fuerza–, es la autosuficiencia. Cuando en un vikingo la **independencia** es la voz cantante, el hecho de depender de otros, aun para tareas rutinarias, lo coloca en una posición vulnerable en la que puede parecer "débil" y eso es lo peor que puede pasarle. La voz independiente en el vikingo es una parte a la que le gusta tomar decisiones sin límites de ningún tipo y que está dispuesta a saltarse cualquier tranca con tal de actuar como lo decide.

El vikingo tiene un impulso por hacer todo con **rapidez**. Procesa información de fuentes contrapuestas, la entiende y evalúa para ir a la acción en un tiempo récord, lo que deja boquiabiertas a personas de otros estilos. La rapidez trabaja de la mano de la eficiencia. Todo lo hace rápido, incluso comer, caminar. No tiene tiempo que perder. Por lo mismo, su parte **impaciente** aparece de distintas maneras con quienes necesitan más tiempo para procesar las cosas, y el vikingo termina resolviendo el tema con tal de hacerlo rápido. El impaciente que lleva dentro cree que todo se puede hacer en un instante y se irrita cuando las cosas no suceden al ritmo que espera.

No solo es asunto de velocidad. El vikingo muestra más **vitalidad** que cualquiera. Cuando los demás terminan exhaustos por un día de trabajo, el vikingo empieza a organizar una salida al bar o sigue trabajando hasta la madrugada. Esto lleva la consecuencia de que pocos puedan seguirle el paso, y quienes lo hacen son vikingos como él. El riesgo que puede enfrentar es terminar ante un campo sembrado de cenizas porque hay pocos que le aguanten el paso.

A menudo se ve en un país como México a vikingos enviados por empresas multinacionales. Ejecutivos que nunca han estado en el país, que no hablan el idioma, que a veces hablan mal el inglés, pero traen la consigna de levantar un gran edificio de una nueva planta de manufactura de muchos miles de metros cuadrados, varios millones de dólares para realizarla y nadie sabe cómo, pero logran su cometido. Las batallas en que se enfrascan y los obstáculos que vencen son dignos de las sagas de sus "antepasados" escandinavos del año 800… Si después la fábrica comienza a funcionar, si la maquinaria y los empleados hacen su trabajo, eso es algo que a ese vikingo no le importará, pues para entonces con seguridad que ya habrá encontrado otra asignación en China, donde hará lo que sea para dejar evidencia de su paso.

La conjunción entre la voz interna eficiente, la exitosa, la impaciente, hacen del vikingo alguien que a menudo asume un rol **dominante** en sus relaciones. Su voz es marcadamente más fuerte que la de la mayoría y su voluntad es férrea. En caso de creerlo necesario, puede ser autoritario. Tanto en sus relaciones personales como laborales, ve la manera de colocarse del lado que domina.

Otra voz interna característica del vikingo es la **determinación**. Es una voz que, si está muy presente, lo lleva a tomar decisiones contundentes. De hecho, mueve al vikingo a superar cualquier obstáculo, así como a dominar las adversidades del destino, las resistencias de los demás, la complejidad y sus propios conflictos. Es como si tuviera un Pepe Grillo susurrándole al oído: "Paga lo que haya que pagar. Es más importante cómo decides que lo que pagas por lo que deseas".

Una voz más del vikingo es el **ambicioso** que lleva dentro, para quien el éxito es su norma. Esta voz lo lleva a garantizar que siempre logra lo que se propone, sea una meta profesional o un desafío de seducción de alguien que le atraiga. Si no consigue algo, fue porque en el fondo no lo quería o no le interesaba tanto. Esta voz de la ambición, junto con la del éxito no conocen términos medios ni gamas de grises en sus compromisos. Todo o nada. Viven en un mundo muy polarizado y lleno de pasión. Lo que puede aniquilarlo en su calidad de vikingo es la traición.

A los vikingos se los puede reconocer porque con mayor frecuencia que otros se encuentran en medio de alguna batalla aunque no la hayan buscado, pues sus mismas acciones y la visibilidad que genera su toma de decisiones mueve emociones fuertes en otros, aun sin proponérselo. Si en la antigüedad los vikingos destacaban porque al mismo tiempo que combatían al enemigo durante una invasión se mataban entre ellos por luchas de poder, en la actualidad no es diferente. Lo que antes hacía alguien como el rey inglés Enrique VIII, famoso por cortar cabezas, ahora lo hacen apartándolos de la empresa o sacándolos de la jugada, excluyéndolos o aislándolos de la toma de decisiones.

En una organización con la que hace tiempo trabajé, tanto el gerente de Producción como el de Logística eran de estilo vikingo. Ambos deseaban ser reconocidos como El Hombre indispensable en la planta. Al hablar con cada uno por separado, la mayor parte de su conversación se centraba en dos cosas:

1) destacar cómo sin ellos la planta no podría funcionar, y
2) señalar al otro como el culpable de todo lo que sucedía mal.

Y no solo eso, sino que estaban dispuestos a hacer cualquier cosa con tal de ganar la batalla. Insistían en cómo ellos podrían dirigir mejor esa área y si alguno llegara a ser director lo primero que haría sería despedir al contrincante. El reto consistía en que primero se dieran cuenta de cómo ambos eran tan parecidos, que eran como espejo uno del otro, para de ahí llevarlos a la colaboración y unir sus fuerzas hacia la construcción de mejores vínculos, a diferencia de lo que había estado sucediendo: al destruirse entre ellos propagaban el conflicto en los demás niveles de la organización.

Me ha tocado observar mujeres vikingas en altos puestos ejecutivos. Recuerdo una directora de una organización que participó en un curso. Una mujer guapa, alta, de muy buena figura, de unos cuarenta y tantos años y vestida como si fuera a un club hípico, con botas hasta la rodilla, pantalón ajustado, un porte muy elegante. En una actividad sobre los estilos guerreros, donde ella era la única mujer y estaba rodeada de vikingos, abrió un diálogo que fue más o menos así:

—A mí no me queda otro remedio que ser vikinga. Mírame —lo dijo mientras me señalaba su cuerpo de los pies a la cabeza para que la observara—, tengo que vestirme y comportarme como un hombre para que los hombres me respeten. Llevo 25 años ganándome la posición que tengo en la organización y siempre rodeada de hombres. Pero este es el costo que pago para lograr que me tomen en cuenta. Todos los días debo demostrarles lo que puedo para que no me descalifiquen y me respeten como mujer y como su superior.

—¿Es verdad eso que dices de que te descalifican por el hecho de ser mujer?

—Sí.

—¿Cómo sabes que es cierto eso? Dices que llevas 25 años rodeada de varones y por lo que veo has llegado lejos en tu carrera. ¿Me puedes decir en concreto qué hacen ellos para descalificarte y para que tú tengas que defenderte todos los días?

Abrió grandes los ojos. Se quedó silenciosa. Luego respondió:

—De hecho nada, nunca me han hecho nada, son muy respetuosos…

—¿Entonces?

Respiró profundo. Después de un largo silencio dijo:

—¿Así que todo esto son ideas mías y yo me lo inventé? ¡Pero qué barbaridad! ¡Sí, tienes razón! Ellos nunca han hecho algo para hacerme creer que soy menos o valgo menos, ¡soy yo la que he estado en guerra permanente todos estos años..!

—Bien. Ahora puedes tomar la libre elección de hacer con este hallazgo lo que gustes.

Las voces interiores del vikingo

A continuación haré una descripción más detallada de las voces señaladas anteriormente con las que más se identifican las personas de estilo vikingo.

Como he mencionado ya, que en este momento agrupe las voces internas por estilos es solo con el objetivo de facilitar la visión de un mapa interno que en la realidad es siempre más complejo.

Una persona de cualquier estilo puede tener presente en su vida estas voces, solo que tal vez no las tenga tan arraigadas o con un volumen tan alto como suelen aparecer en el vikingo.

Las voces seleccionadas, entonces, no son todas las que posee un vikingo, ni exclusivas de este. Sí son las más características y las que más comúnmente he observado. Invito al lector a resonar con cada una para ir encontrando la intensidad, el volumen y la manera en que cada una ejerce una influencia en su vida.

Para ello, sugiero reflexionar primero si tiene conciencia de la existencia de cada voz y la manera en que opera en su conducta. Si tiene una relación con ella; si la acepta o rechaza; si la considera como un enemigo interior que debe combatir pero sin saber cómo deshacerse de ella, o si actúa como un impulso incontrolado. Todo esto será promotor de aprendizajes sobre la gran diversidad que se oculta bajo nuestra piel.

Las voces tienen una manera muy sencilla de ser identificadas: a través de los juicios que hacemos. Lo que criticamos. Lo que señalamos. Para encontrarlas nos basamos en el principio de las polaridades: si juzgo algo que está frente a mí, la pregunta a hacerse es: **¿a quién dentro de mí no le gusta eso?** Y la respuesta nos lleva a la voz que predica desde la postura opuesta.

Así, el vikingo, por ejemplo, criticará "a los dependientes" porque esa voz o parte independiente dentro de él no soporta la dependencia que otros muestran en sus acciones.

Lo paradójico es que mientras más tratamos de aferrarnos a una voz con la que nos sentimos hiperidentificados, a costa de rechazar su opuesto, más caemos en el opuesto sin ser conscientes de ello.

Cada voz que describo en las siguientes páginas va acompañada al final con una historia ficticia de un personaje hiperidentificado con esa única voz como si su persona solo tuviera esa característica. Los nombres, las situaciones, todo es ficticio y exagerado para ayudar al lector a mirar. Lo único real en las historias es la manera en la que ese personaje cree que solo esa voz constituye su identidad. Esto tiene el propósito de dar vida a cada voz de cada guerrero para que el lector pueda encontrar espejos en los cuales mirarse. Son pinceladas para despertar la conexión con la energía de cada miembro de su equipo interno cuando constituye la fuerza que controla su comportamiento. En todos los casos, el trabajo profundo en coaching con el equipo interno es la clave para evolucionar de guerrero a convertirse en el líder de su mundo interno.

Cualquier parecido con la realidad es mera coincidencia.

Veamos algunas de las voces más destacadas de los vikingos.

El fuerte

¿Cómo se reconoce la voz del fuerte interior?
El fuerte que tiene el vikingo a flor de piel es esa parte que lo lleva a evitar cualquier cosa que lo haga parecer débil, pequeño, impotente, vulnerable. "Yo soy fuerte y yo puedo" es una muestra de identidad, que si bien no la expresa verbalmente, la comunica con todo su ser. Es esa parte que se siente movida a atacar y rechazar cualquier signo de debilidad.

¿Qué lo caracteriza?
De entrada, es alguien que habla un volumen más alto que los otros, mira con intensidad, es directo, penetrante. Es una parte que evidencia fuerza física, emocional y mental, y por lo tanto, que la persona es capaz de mantener el control en situaciones de crisis y resolver eventos ante los que otros se desmoronan. Como es fuerte, entonces puede cargar mucho más peso que los demás. Es esa parte la que hace creer al vikingo que puede solo con el mundo y le da una energía extraordinaria para efectivamente lograr mucho más que cualquier otro.

¿Cuál es su función?
La fortaleza existe para protegernos de sentirnos desvalidos, necesitados, pequeños, frágiles, vulnerables. Su función es ser esa energía que facilita el sobreponerse a la adversidad. Es una parte esencial que genera autoconfianza y, por lo tanto, lo coloca en posición de superioridad frente a los demás.

¿Cómo puede limitar?
Cuando esta es la voz cantante, es posible que uno se sienta tan identificado y fusionado con ella, que no sea capaz de aceptar que solo es un ser humano, no una especie de superhéroe capaz de todo. Se deja de tener una valoración adecuada de sí mismo y se sobreestiman sus capacidades, lo que puede llegar a ser peligroso, pues entonces podrá, por ejemplo, entrar en terrenos en los que es claramente incompetente aunque crea no serlo, y caerá en lo peor que podría pasarle: ser vulnerable. Pero esta voz hará todo lo posible por mantener el autoengaño. Aunque el mundo entero perciba una serie de debilidades evidentes, el fuerte interior intentará hacer creer a la persona que no pasa nada, que todo está bajo control. La ansiedad aumentará; las batallas, también. Una situación extrema puede llevar a la persona a ser disfuncional y al uso de la fuerza contra todo lo que le parezca débil en el sistema, como único medio para mantenerse en pie. Lo que necesita en realidad es reconocer sus límites, aceptar que no puede con todo y solicitar ayuda.

Historia. La *Superwoman*

Sofía tiene una maestría en Ingeniería Biomédica, otra en Finanzas y otra en Liderazgo Estratégico. Tiene 42 años y la lista de logros profesionales que ha obtenido es realmente admirable. Ahora tiene un puesto de vicepresidenta mundial de producción en la organización en que trabaja. Pero como un puesto no le es suficiente, también aceptó el cargo de directora de Investigación y Desarrollo para Latinoamérica. El primero de sus puestos la lleva a viajar a las plantas de producción en 15 países de forma periódica durante todo el año, y el segundo puesto también la lleva a hacer lo que ella cataloga como "viajes menores", limitados a Latinoamérica. Su base está en Panamá.

El área de Investigación y Desarrollo está muy descuidada, no está dando los resultados esperados y su equipo se siente abandonado porque ella, una y otra vez, cancela las reuniones y compromisos por tener que atender los del otro puesto.

Hace unas semanas, avisaron en la organización que Sofía estaba hospitalizada. Tuvo un colapso. Y desde la cama del hospital seguía atendiendo llamadas y participando en reuniones virtuales. Calma a los demás insistiendo que no tiene nada, ella puede con todo; no se da cuenta de cómo esa aparente fuerza es al mismo tiempo su gran debilidad. Sigue creyendo que es capaz de llevar ambos puestos. "Antes muerta que débil", es su lema, y está decidida a lograr ser exitosa en ambos cueste lo que cueste. Ojalá aprenda las lecciones con respecto a esa voz interior antes de que su lema se vuelva una profecía autocumplida.

El independiente

¿Cómo se reconoce la voz del independiente interior?

La voz del independiente se muestra al mundo afirmando: "yo soy autosuficiente" y "como soy independiente, entonces hago lo que me da la gana, decido como quiero y a mí nadie me va a pedir cuentas". Quien tiene al independiente como voz cantante, a menudo estará criticando a los que considera dependientes, inútiles, con poca iniciativa o pasivos.

¿Qué lo caracteriza?

Al independiente que llevamos dentro lo mueve el deseo de vivir libre de imposiciones, reglas y límites. Es alguien que quiere que cada uno sea dueño de su vida y que no dependa de nada ni de nadie para lograr lo que se propone.

De ahí que esté enviando mensajes para que se esté dispuesto a romper lo que sea necesario con tal de defender su independencia y autonomía, que son los valores supremos representados por esta voz interior.

¿Cuál es su función?
El independiente existe para protegernos de acusaciones, maltratos, descalificaciones y defender el propio territorio existencial; constituye la capacidad de lograr lo que se propone. Es esa voz que sabe todo lo que uno realmente quiere en la vida y ayuda a lograrlo. Hace que la persona se sienta segura de sí e incapaz de doblegarse o de rendirse en cualquier batalla. Es una voz que colabora mucho con la del fuerte, y por eso se las ve tan a menudo en los vikingos. Contra viento y marea, en invierno y verano, bajo la ventisca o el calor infernal, juntas hacen sentir a la persona dueña de lo que sea que se proponga.

¿Cómo puede limitar?
Si el independiente interno es la voz que maneja los hilos de la mente, probablemente tenga dificultades para mantenerse en una relación laboral o personal estable, pues esa voz hace creer que cualquier vínculo que implique compromiso a mediano plazo es como entrar en una prisión que obliga a doblegarse. Y esta voz no va a permitir que otro sea el dueño de su vida; nos hace creer que entregarse y rendirse son lo mismo. Si el independiente interno se hace aliado del exigente, entonces impondrá la entrega y sumisión de los demás. Así hace creer que mantiene su independencia mientras los demás se doblegan. Sin darse cuenta, quien tiene esta como la voz cantante, se hace víctima de sí mismo y, paradójicamente, se vuelve dependiente de la independencia que proclama.

Esta voz puede llevarnos a una profunda soledad al final del camino. Es posible que al mirar atrás se vea un sembradero de separaciones y relaciones rotas.

Dado que la independencia o la autonomía son motores fundamentales del ser humano, podemos observar en otros estilos esta voz, pero con distintos "enfoques". Por ejemplo, en el espartano aparece como voz autosuficiente aunque regulada por normas y procedimientos. En el bereber, como la voz de la libertad, más que de la independencia. Y en el maya se la escucha como una aspiración, un sueño inalcanzable, un deseo que nunca cumplirá, por la gran cantidad de ataduras que ha creado en sus relaciones.

Historia. Libertad bajo palabra

Paola decidió que nunca iba a querer sentirse limitada a trabajar en una organización. Ella se identifica con su independencia y la considera lo más preciado que tiene. El solo pensar en tener horarios fijos, ir todos los días al mismo sitio de trabajo, con un equipo que no eligió, y con un jefe que le caiga mal eran razones suficientes para haber decidido abrirse camino de forma independiente.

Paola estudió primero comunicación y periodismo. Inició su vida profesional como free-lance en una revista y periódicos locales. Luego se cansó, dejó todo; emprendió una siguiente carrera como instructora de yoga. Y comenzó desde cero otra vez. Cuando una vez le ofrecieron emplearse de tiempo completo, lo que la llevaría por fin a tener seguridad, ingresos constantes y la oportunidad de equilibrar sus finanzas, duró apenas un par de meses y renunció porque su sentido de dignidad no le permitía entregar su preciada libertad a un trabajo donde querían estar indicándole cada cinco minutos qué debía hacer y qué no.

Más adelante se asoció en una agencia de publicidad. Los términos de la relación siempre estuvieron claros: su libertad y sentido de responsabilidad la llevarían a dar los resultados, no un horario fijo. Pero su libertad terminó cuando dedicó mañanas y noches, fines de semana y días feriados a trabajar sin descanso, mientras su socio se dedicaba alegremente a la buena vida y a disfrutar del resultado del trabajo de Paola. Salió de la sociedad.

Ahora rescata perros y gatos, les busca familias y está convencida de que por fin está encontrando su misión en la vida. Hace lo que más quiere sin depender de nadie. Pero para poder pagar la manutención de los animalitos trabaja dando clases en la universidad, corrigiendo el estilo de textos para una editorial, escribiendo una columna en un periódico, y ofreciendo conferencias en distintos tipos de foros. Además participa en una organización ciudadana de derechos civiles, está en un grupo de ciclismo de montaña y entrena a menudo para participar en triatlones. Ocupada de tiempo completo y paradójicamente de lo que más presume es de su libertad.

El arriesgado

¿Cómo se reconoce la voz del arriesgado interior?
"A mí no me pasa nada" es una de las frases que se escucha decir a quienes tienen al arriesgado como voz primaria. Por lo tanto, no tiene que cuidarse, no tiene que ir a un médico, no cree que sea sujeto de enfermedades, accidentes o contratiempos. Eso es para los de "otro" nivel. Se lo reconoce también por los juicios que hace sobre los demás, los trata de hipocondríacos, enfermizos, miedosos o cobardes. Porque al arriesgado no le pasa nada y cree que no tiene nada que perder.

¿Qué lo caracteriza?
El arriesgado interior tiene una confianza innata en que todo va a salir bien. Dice al oído que ser precavido es ser miedoso y que debemos mostrar siempre la capacidad de arriesgarlo todo. Alimentado por el posible beneficio de lo que sea que vaya a emprender, tolera la incertidumbre de los riesgos que toma. El arriesgado está dispuesto a actuar valientemente, pase lo que pase.

Tener al arriesgado como voz cantante también se hace evidente en sus actividades preferidas: deportes de alto riesgo, conducir a altas velocidades, tener encuentros sexuales sin protección, nadar con tiburones, lanzarse desde acantilados, traspasar todo lo humanamente limitado y sentir en el cuerpo esa ilusión de omnipotencia.

¿Cuál es su función?
Ir más allá de los propios límites. Desafiar cualquier cosa que marque un "hasta aquí". El arriesgado interior sabe que siempre puede ir más allá, y más aún.

Su **intención** es abrirnos a nuevas posibilidades y experiencias, a lo ilimitado. Y protegernos de aquello que se juzga como lo peor de la vida: el miedo.

¿Cómo puede limitar?
Se cree "Juan sin miedo". Es decir, juzga el miedo innato como algo que no debería existir y, por lo tanto, pone a la persona en situaciones donde queda expuesta, vulnerable y sin margen de maniobra. El miedo es una emoción básica y un termómetro fundamental en la vida que ayuda a valorar las capacidades propias ante una amenaza, y el arriesgado nos hace creer que debe combatirlo porque no sirve. Esto provoca que la persona se quede sin esa autorregulación natural y se coloque en situaciones de riesgo que lo llevan –en el mejor de los casos– a ser víctima de accidentes o enfermedades; y en el peor, a perder lo más preciado: la vida.

El arriesgado, entonces, según el nivel de identificación que se tenga con él, puede provocarnos adicción a la adrenalina por grandes retos, deportes extremos o situaciones límite; y si se cae en su trampa esta adicción puede ir *in crescendo*: se pasará de arriesgado a temerario y a suicida.

Historia. Vencer o morir

Oleg es ucraniano. Hace veinte años fue piloto de la fuerza aérea de su país. Luego asumió distintos roles como comandante de las fuerzas de paz de la ONU y fue asignado a varias misiones en países de Medio Oriente y África en conflicto. Lo suyo es estar en situaciones de riesgo. Dice que quien no arriesga no gana, y si no gana, no está vivo. Así que siempre pide el cambio a misiones cada vez más riesgosas en países donde realmente valga la pena que él vaya. En las vacaciones que le dan cada seis semanas, acostumbra irse a bucear con tiburones, a escalar paredes y a tener intensas relaciones con mujeres que le brinden emociones fuertes y, como él dice, "a sentir que algo se pone en juego con lo que hago, pues de lo contrario este negocio de la vida se vuelve aburrido". Se ha roto 24 huesos de las piernas y brazos en distintas hazañas, ha sido herido en dos ocasiones: en Irak y en Timor Oriental, y con orgullo muestra en el abdomen y la pierna las cicatrices de las balas. Oleg es el guerrero dispuesto a arriesgar su vida para mostrar su lealtad a esa voz que le da sentido a su existencia y lo tiene bien alejado siquiera de tener un remoto pensamiento de eso que oculta bajo tanto riesgo: su miedo a acercarse emocionalmente a otro ser humano. Eso sí que implicaría un verdadero riesgo para él.

El impulsivo

¿Cómo se reconoce la voz del impulsivo interior?
El impulsivo no piensa, solo actúa desde debajo de la piel. Es la expresión de una naturaleza instintiva, visceral, conectada con el cuerpo y la forma automática de reaccionar. Nos hace feroces, agudos, fríos, profundos, según lo que se necesite en el momento. El impulsivo juzga a otros de cobardes, burócratas o reprimidos.

¿Qué lo caracteriza?
Cuando el impulsivo opera, siente una intensa avidez por expresar cualquier necesidad y deseo físico de una forma imperativa, llena de ansiedad. Debe satisfacer de inmediato esa necesidad, pues de lo contrario siente que se muere o puede estar dispuesto a golpear o luchar por ello.

Hay otras formas en las que aparece el impulsivo, como por ejemplo, en el bereber se vincula más bien con la voz creativa y espontánea. Aparece más como ocurrencias, pasiones o proyectos que resultan maravillosos y ante los que el impulsivo interno se entrega.

¿Cuál es su función?
Movernos, llevarnos a actuar sin miramientos, sin reflexión. Reaccionar ferozmente. Ya sea que se trate del impulso de comer, de dormir, de correr, trabajar u ordenar algo.

Esta voz tiene la función protectora de impedir que la persona suelte la tensión, se relaje y sienta. Porque el sentir duele. El soltar la acción y dejarse estar puede ser desagradable, y de eso nos protege la impulsividad.

¿Cómo puede limitar?
Cuando las necesidades son imperiosas y los deseos están por encima del razonamiento, de los objetivos o metas nos convertimos en víctimas de los impulsos y podemos atropellar a los demás.

El impulsivo vikingo puede ser intimidante por la mera urgencia física que transmite y las muestras irrefrenables de poder. A menudo causa conflictos inútiles. Y es que la energía de primero actuar y luego pensar puede causar daño. Es famosa la frase de Pancho Villa, el revolucionario mexicano, quien decía: "Primero lo *ajusilamos* (fusilamos) y luego lo *güeriguamos* (averiguamos)".

Lo más importante entonces, es reconocer quién está detrás de esos impulsos y qué necesita esa parte para ser reconocida y valorada, sin tener que presentarse de una manera avasallante para uno mismo y para los demás.

Historia. Iván el terrible

"Cuando me doy cuenta, ya hace rato que mi impulsividad hizo de las suyas", decía Iván en sesión de coaching para referirse a

sus gritos, maltrato, humillación, objetos arrojados y colaboradores amenazados.

Iván es director general de una fábrica de impermeabilizantes y soluciones para la industria de la construcción. Llevaba apenas tres meses en el puesto y ya habían renunciado varios gerentes y personas de los siguientes niveles de la organización. Su jefe decidió aplicar una evaluación 360 y enviarlo a un proceso de coaching. Sabía que Iván había sido contratado por su gran orientación a resultados, pero hasta el momento el único resultado visible era el malestar de la gente y el notable incremento del índice de rotación.

Iván decía que era impulsivo igual que su padre, que sus hermanos y la gente del barrio en el que había crecido en Buenos Aires.

"Lo llevo en el ADN, no puedo evitarlo, che. Mi impulsividad es lo mejor que tengo, porque me ha llevado lejos en mi carrera." Al mismo tiempo, le causa algunos reveses en la vida.

En varias sesiones de coaching con su equipo interno tuvo la oportunidad de dialogar con ese impulsivo que lleva dentro. Fue aprendiendo a reconocerlo, a escuchar sus mensajes de alerta. Fue descubriendo cómo su cuerpo daba señales de que el impulsivo se acercaba, cuando notaba cómo le iba subiendo la temperatura y el color desde la base del cuello, luego a las orejas, para terminar con los ojos inyectados en sangre y escupiendo barbaridades a diestra y siniestra. Aprendió a detectar el impulso antes de que subiera por las orejas y esto también le permitió detenerse a escuchar antes que a culpar. Poco a poco fue haciéndose más cargo de sí mismo y transformó al impulsivo en un gran aliado para su efectividad.

El exigente

¿Cómo se reconoce la voz del exigente interior?
El exigente es una máquina con el motor encendido día y noche, que mueve y nos presiona para que hagamos cada vez más y sin descanso. Porque hay que lograr algo en la vida; hay que dar resultados, hay que moverse para mostrar

que se tiene energía, es necesario poner la vara alta para no caer en la mediocridad.

Así, el exigente tiene la guerra declarada contra la mediocridad, el conformismo y el ocio. Esta voz es la cantante para quienes pasan la mayor parte del día trabajando bajo presión y creen que el descanso es para insignificantes.

¿Qué lo caracteriza?
El exigente interior tiene la necesidad de mostrar al mundo lo extraordinariamente capaces y enérgicos que somos. Tiene una lista interminable de cosas que hacer, lugares adonde ir y objetivos que lograr. El exigente está especialmente alimentado por la cultura de la inmediatez, las computadoras, celulares y dispositivos que lo hacen un "multitarea" orientado a resultados. Es el que dentro de uno descubre una cantidad enorme de metas a alcanzar en el menor tiempo posible. Y es también el que hace sentir culpa si un día se sienta a descansar durante más de diez minutos.

La exigencia es una fuerza muy importante que además se ve presente en el espartano, aunque de un modo distinto. En el vikingo es una voz imperiosa que hace equipo con el impulsivo. En cambio, en el espartano, su otro jugador de equipo preferido es el perfeccionista, que controla hasta el último detalle. El exigente del vikingo es "rápido y furioso" y el del espartano es racional y minucioso.

¿Cuál es su función?
El exigente quiere logros, metas cumplidas, pues hay que dar lo mejor de sí para que la vida valga la pena ser vivida. Quiere productividad y destacar, pues nunca es suficiente lo que uno obtenga. Si se le entrega un proyecto, debe ser el mejor. Su peor enemigo es la mediocridad, y la combate en cualquiera de sus manifestaciones.

Su intención es lograr la excelencia en metas y en todo en la vida, y la única manera de lograrlo es utilizando todas las capacidades y la voluntad para después evaluarse como solo el exigente sabe hacerlo: haciéndonos sentir miserables porque el resultado pudo haber sido mejor.

El exigente tiene una función protectora importante: quiere evitar a toda costa que nos sintamos humillados, avergonzados o desdeñados por no haber destacado.

La voz del exigente casi siempre hace juego con otra voz, que funciona como su aliada de equipo en todos los estilos: el crítico interno.

¿Cómo puede limitar?

No permitiéndonos descansar, pues para el exigente nunca será suficiente todo lo que hagamos o cuánto trabajemos. Nos hará trabajar el doble que a cualquiera. Es el que hace que tantos vikingos se queden hasta altas horas en sus tareas o se levanten a las cuatro de la madrugada pues considera que ya ha sido suficiente y que hay que hacer algo de utilidad o productivo.

El exigente llevado al extremo y como voz cantante disfuncional provoca que uno termine en el hospital enfermo, "quemado" por la propia exigencia. Vivir sometido a este miembro del equipo interno implica estar en permanente sentimiento de culpa y con el resultado emocional opuesto al que busca la exigencia: sentirse sometido, impotente, inútil y avergonzado consigo mismo.

Historia. Rüdiger, el alemán

"Todos dicen que soy un jefe exigente. Y sí, soy exigente. Y la exigencia es la base del éxito de esta organización. Yo no pago para que hagan amigos ni para que me pongan pretextos por no cumplir; pago para que siempre, sin excepción, den los mejores resultados y sean gerentes de excelencia. Y todos deben saber que si hay una evaluación en una escala del 1 al 5, mi manera de calificar que aprendí desde pequeño en Alemania es que 1, que es

la mejor calificación, ese solo se lo saca Dios o yo por ser su superior. Un 2 es para quien es extraordinario, muy por encima de lo esperado; y el resto de la gente será evaluada a partir de 3. Así que ya decidirán si quieren tener un 2 o si son unos mediocres de 3 o 4. Ah, y ya saben que aquí soy de puertas abiertas. La puerta está abierta para el que no esté dispuesto a dar su máximo... ¿Queda clara la lección? ¡A trabajar!"

El exitoso

¿Cómo se reconoce la voz del exitoso interior?
El exitoso ama ver que la persona brille y atraiga la atención de los demás. Es muy confiado en sus propias habilidades, y es una voz que hace que se sienta con cierta superioridad por el toque único de los proyectos que emprende o de cualquier cosa creada por su iniciativa.

El exitoso interior le hace la guerra a todo lo que se parezca al fracaso, a los perdedores o faltos de metas en la vida. Y el exitoso hace que solo se busque la cercanía con otras personas también identificadas con el éxito, pues así unos se vuelven espejos de los otros.

¿Qué lo caracteriza?
Es quien hace que uno vaya por el mundo como si tuviera un letrero en la frente que dijera "mírenme, soy yo, exitoso en todo lo que he emprendido". Es con seguridad la voz que está operando si constantemente compartimos en Instagram, Facebook y Linkedin todos nuestros éxitos, nuestras mejores poses y cada paso que damos como personas siempre triunfadoras y felices.

¿Cuál es su función?
El exitoso que llevamos dentro busca que seamos admirados por algo que consideramos un logro, ya sea el físico,

los viajes o el éxito en los negocios. Su objetivo es cautivar e inspirar a posibles o actuales seguidores, así como a un equipo de colaboradores. Esta voz puede llevarnos a hacer lo que muy pocos consiguen.

El exitoso dentro del vikingo cubre la función de que sea reconocido y apreciado. Lo más importante para el exitoso no solo es haber llegado a la meta, sino ser visto y haber llenado de energía y de inspiración a otros gracias a los logros personales. En su otra parte, esta voz tiene la intención de evitar que la persona sienta en la piel cualquier forma de fracaso. Pues el fracaso es lo que jamás aceptará. Aunque pierda batallas, la gran guerra siempre la gana. El dolor de la tristeza por no haber sido exitoso en una relación, un proyecto, un camino de vida, hace que esta voz surja redoblada y que oculte cualquier posible sentimiento de derrota. El exitoso no permite que uno claudique. Eso nunca.

¿Cómo puede limitarte?
Cuando alguien crea la ilusión de que siempre tiene éxito, con seguridad no se sentirá en libertad de dar a conocer las muchas veces que no lo ha conseguido, si está triste o necesita apoyo. Cuando uno deja que esta sea su voz dominante puede ser que se sienta muy solo cuando baje la guardia y conecte consigo mismo.

Cuando esta voz domina, con seguridad habrá una gran preocupación por la impresión que dejamos en los otros y por nuestra imagen. El mayor riesgo que corremos es perder el contacto con nosotros mismos y dedicarnos a vivir para "afuera", centrando el pensamiento más en los demás que en uno mismo. En un extremo puede conducir a que alguien se enamore de su imagen, como Narciso cuando vio su rostro reflejado en el agua, aunque a todas luces se trate solo de un fuego fatuo y no de una realidad.

Historia. La vida solo es éxito

Augusto Daniel nació y creció en Colombia, aunque lleva 25 años fuera de su país. Ha ocupado una interesante serie de puestos a nivel internacional en empresas dedicadas a varios ramos, desde las sodas hasta los jabones. Lleva un año en el área de electrónica. Todo en él destila éxito: su ropa, su calzado, su forma de hablar y caminar. Es como si llevara una etiqueta en la frente que dijera "mírame, soy exitoso".

Augusto Daniel no conoce el fracaso, pero de un tiempo a esta parte se encuentra enfrentando situaciones de alta complejidad en el puesto que tiene, con responsabilidad ejecutiva para toda Latinoamérica. Algo está sucediendo, su equipo no responde, no está dando los resultados, y sus jefes no son, por cierto, pacientes. Lo peor es que él no se da cuenta, sigue soñando que está en la cúspide del éxito y alcanzando mayores metas que las planteadas al inicio de su gestión. Constantemente habla de todos los maravillosos resultados que obtuvo, los millones que hizo ganar a las compañías, las estrategias increíbles que implementó y el gran líder que es.

El reto que enfrenta Augusto Daniel es justamente iniciar un proceso de coaching, al que llega con muchos signos de interrogación, dado que considera que no lo necesita... hasta que se descubre en el reporte de su evaluación 360 cómo no están siendo exitosas sus anteriores estrategias de éxito en este nuevo contexto. El identificarse en exceso con sus éxitos pasados lo hizo enamorarse más de sus historias magníficas, a costa de desdeñar el presente y ser insensible a la realidad que enfrenta el día de hoy, en un país nuevo, con un equipo distinto y en una cultura organizacional muy diferente de todas las anteriores que conoció.

El aventurero

¿Cómo se reconoce la voz del aventurero interior?
En la vida interna de muchos vikingos, el aventurero es el compañero de juegos del arriesgado. La vida es una aventura, ¿o no? Y hay que vivirla intensamente.

Quienes se identifican con esta voz critican a los que les parecen aburridos, de sangre espesa o tibia, o a los rígidos que prefieren cumplir preceptos sociales. El aventurero no soporta a quienes buscan refugiarse en la seguridad de hábitos o tradiciones, y no entiende que alguien prefiera quedarse en su casa un fin de semana en vez de salir al mundo a explorar.

¿Qué lo caracteriza?
El aventurero interior hace que uno sea conocido por tener un espíritu curioso, ganas de explorar y de descubrir cosas nuevas. Ya sea al escalar una montaña o darse escapadas a Las Vegas el fin de semana para tener experiencias y aventuras, siempre busca romper rutinas y huir de los horarios y responsabilidades.

Al aventurero le gusta coleccionar historias que podrá contar después a audiencias que los admiren boquiabiertos. Y otras que guardará en el baúl de sus secretos...

¿Cuál es su función?
El aventurero interior es una fuerza que necesita desafiar el *statu quo* e ir siempre más allá de los límites. La travesía que emprende casi siempre es más satisfactoria que el propio destino. Nos conduce a expandir nuestros horizontes mediante la búsqueda de aventuras con mucha pasión e intensidad.

Esta voz tiene también la intención de protegernos de quedar estancados o inmóviles. En una vida que es de cambio constante, de evolución continua, de coqueteo con la finitud de la existencia, hay que salir a la aventura, sentir en el cuerpo la expansión y las emociones fuertes. Seguir las reglas es algo aburrido; esta voz no deja que caigamos en ellas.

¿Cómo puede limitar?
Si se vuelve adictiva la necesidad de experimentar constante-

mente algo nuevo y excitante, puede pagarse un precio muy alto por no valorar esas cosas "pequeñas" o que se juzgan como poco significativas o rutinarias de la vida.

El aventurero interno nos lleva a experimentar una serie de historias épicas, como de vikingos, pero también nos evita el contacto íntimo con otras personas. Es decir, hace que uno lleve una vida hacia fuera pero no le permite contactar con la aventura del descubrimiento de ese gran océano que lleva en su interior; de los incontables ríos profundos por explorar de la vida y de las cordilleras emocionales que uno podría escalar si dirigiera la mirada también hacia su interior.

Historia. ¿Cielo o purgatorio?

Romeo tiene un alto cargo público en el gobierno federal. Imposible esperar mejores ingresos y mayor poder en un país donde estar en esa altura de la jerarquía es como codearse con el "Tlatoani" o Dios azteca. Está lleno de privilegios, invitaciones y tentaciones, sobre todo de las que más le gustan: las mujeres.

Estar identificado con la voz del aventurero lo está colmando de experiencias únicas en los rincones más insospechados del planeta, con el costo de que está perdiendo el suelo cada vez más. Su esposa lo dejó hace varios años. Se volvió a casar y también la segunda mujer ya lo abandonó.

Cuando inicia el proceso de coaching, viene regresando de un fin de semana épico en Las Vegas. Con voz aún de trasnochado confiesa querer el proceso porque no sabe cómo detener el tren de sus aventuras, que lo han llevado a tener mayores gastos que sus ingresos y a acumular cada día más deudas. Que para él, ser aventurero ha sido lo que lo ha llevado adonde está, y quiere hacer algo al respecto aunque, claro, no está dispuesto a renunciar por completo a sus aventuras… Ni a pagar por el coaching, claro…

El rebelde

¿Cómo se reconoce la voz del rebelde interior?
El rebelde interior está contra cualquier tipo de autoridad. Es una parte que hace la guerra contra los obedientes, los sumisos y los abnegados. Porque cree que uno siempre puede rebelarse contra sistemas, normas y figuras de autoridad.

El rebelde que lleva un vikingo dentro lo hace famoso por su espíritu inconforme. Es una parte que no tiene problemas para mostrar enojo y que necesita ganar las batallas, ya sea por venganza o por el simple hecho de estar en contra del *statu quo*.

¿Qué lo caracteriza?
Es la energía, digna de admiración, que hace a quien se identifica con él levantarse como ave Fénix y resurgir de las cenizas. El rebelde interior es inquebrantable en la intensidad con que muestra al mundo sus convicciones. Si defiende una causa, no descansa hasta contagiar a la mayor cantidad posible de personas para que también lo sigan. La injusticia, el abuso, el maltrato, los derechos humanos o de los animales, la discriminación, el calentamiento global, todos son temas que mueven especialmente al rebelde y hacen que busque actuar. El rebelde vikingo tiene una presencia y una vitalidad innegables, y lo hacen sentir moralmente superior a los demás. Suele surgir como respuesta al autoritarismo de un padre o una madre, o de una cultura o religión.

¿Cuál es su función?
El rebelde interior tiene el propósito de evitar el resentimiento; asegura que uno se sienta internamente libre de imposiciones. Gracias a que opera desde lo más profundo, jamás volverá a ser objeto de aquello que sucedió y que tanta huella dejó en la vida. El rebelde garantiza que "nunca más", que es dueño de su vida y que romperá con lo que sea necesario con tal de salir adelante.

Su intención es expresar nuestra verdad personal. Mostrar al mundo quiénes somos realmente.

¿Cómo puede limitar?

El rebelde mete en problemas a quienes están sobreidentificados con él, en especial ante cualquiera que se encuentre en una posición de poder. Toda muestra de autoridad es interpretada como una acción restrictiva o limitativa para el rebelde interior. Por ejemplo, en una relación de pareja puede ser que el rebelde nos haga creer que estamos en un campo de batalla y nos conduzca a buscar constantemente conflictos innecesarios. Dentro de nosotros, la voz rebelde no se ha dado cuenta de que el tiempo de aquellas batallas adolescentes acabó.

Si el rebelde interior predomina, es posible también que sin darnos cuenta alejemos a los demás por nuestra actitud de permanente desafío y disposición al combate. Nos hace creer que la vida es una lucha y que en toda conversación debemos ganar. No se da cuenta de que no todo son batallas y que no necesariamente debemos luchar en cada interacción que tengamos.

Hay personas que fueron marcadas en alguna etapa de su infancia por situaciones de abuso o de injusticia, y en la edad adulta esta voz se apodera de ellos en forma del "justiciero vengador" que se la pasa generando conflictos en su vida y en las organizaciones, defendiendo causas por las que nadie les paga y creando más conflictos de los que resuelven. Quieren luchar contra supuestas tiranías, y para lograrlo –sin darse cuenta– ellos mismos se vuelven tiranos.

Historia. Guardián de la galaxia

Tiene 53 años. Lo despidieron hace poco de su último empleo. El último de una lista de 15. De ninguno ha salido Eduardo por cuenta propia. Su espíritu rebelde lo ha expulsado de universidades, socie-

dades iniciadas con amigos, empresas del ramo de servicios y hasta de la firma de agroindustria en que colaboró con sus hermanos.

Eduardo no puede evitarlo. Su foco de atención en la vida son los límites que cree que alguien le quiere imponer injustamente y ante los cuales siente la imperiosa necesidad de rebelarse. Inicia conflictos en todos los sitios a los que va. Se pasa armando bronca con todos los conductores vecinos cuando va en el tránsito. Levanta la voz para quejarse cuando hay más fila en el supermercado de lo que está dispuesto a tolerar. Con los años, las amistades se fueron distanciando de él y su mujer, porque inevitablemente termina creando tensiones con desconocidos, aunque él se sienta muy feliz de haber salido victorioso y ganado la discusión en turno. Su frase predilecta es "esto no es justo". Se siente con superioridad moral y con el derecho de desenvainar la espada para levantarse en armas contra cualquiera que aparezca como su opositor.

Al inicio, pareciera que Eduardo es más un cliente necesitado de una terapia que de coaching, pero con el paso de las sesiones él va haciendo la más poderosa de las conexiones con su equipo interno: dialoga y escucha a ese rebelde que lleva dentro y poco a poco va dando paso a que otras voces tomen la posición delantera. Empieza a aprender lo que significa que él sea mucho más que un rebelde, y que además de querer ser "el justiciero autodesignado" puede aprender a construir junto con el otro, en colaboración con el otro. Pues su rebeldía extrema lo ha colocado además en una posición de víctima; en última instancia, lo había llevado al opuesto de eso que había enarbolado como su bandera toda la vida: a ser extremadamente injusto, abusivo y agresivo.

El ambicioso

¿Cómo se reconoce la voz del ambicioso interior?
El ambicioso interior se da a conocer porque lleva a la persona a crear metas desafiantes, grandes, significativas, y a lograrlas. Se reconoce por su efectividad. Es esa parte que

da vida a las ideas, las de corto y largo plazo, las ordinarias y las extraordinarias. Es el que crea la ruta y ejecuta los planes, por desafiantes o imposibles que les parezcan a otros.

Cuando el ambicioso es la voz cantante, suele juzgar a quienes considera fracasados, mediocres o conformistas.

¿Qué lo caracteriza?
El ambicioso interior usa buena parte de su energía en crear escenarios para la vida futura. Su gran determinación posibilita tomar acciones decisivas para el logro de nuestros objetivos. Y es que además es una voz que insiste en que uno necesita más, que quiere más, que debe ser alguien en la vida y jamás caerá en el conformismo o la medianía.

¿Cuál es su función?
Es esa parte que habita al interior para que logremos nuestros propósitos. Busca que experimentemos la satisfacción de los logros y que presumamos siempre de alcanzar nuestras metas, sin importar cuán imposibles parecían en un inicio.

Es una voz interna que protege de la vulnerabilidad que implicaría ser uno más sin distinguirse de los demás, ser alguien que pasó por la vida inadvertido y que no dejó a su paso algún logro significativo que recordar.

¿Cómo puede limitar?
El identificarse en exceso en el futuro puede ser una forma de evadir el presente, que tal vez no esté a la altura de nuestros anhelos. El ambicioso también puede provocar la ansiedad de que exista alguna brecha entre lo planificado y su ejecución que afecte las metas y los resultados que la persona esté obteniendo.

Esta voz funciona en el vikingo haciendo que forme equipo con las del aventurero, el exigente, el impulsivo, el exitoso y el independiente, para que todas juntas –si son quienes dominan– hagan creer a la persona que es casi invencible. Evitan que se dé cuenta de que solo es un ser humano entre miles de millones.

Historia. Nada me basta

El caso más extremo que recuerdo de alguien sobreidentificado con su ambición es el de un suizo de una gran industria con presencia en la mayor parte del mundo. Su nombre, Thorsten. Además de mostrar que estaba identificado con la voz del exitoso, su ambición quería llevarlo a conquistar lugares tan insospechados del planeta como la India, sin creer que para ello tendría como mínimo que aprender inglés.

Para ser trasladado a las operaciones en Delhi logró convencer a la junta directiva que realizara un proyecto de muchos millones de euros que solo él personalmente podría dirigir, pues estaba todo en su cabeza y el lugar ideal para implementarlo sería Delhi, lugar donde nunca había estado. De hecho, jamás había salido de su pueblo natal en los Alpes, pero él consideraba que si había sido tan exitoso en proyectos casi igual de ambiciosos en Suiza, nada le impediría serlo en otro lado.

Thorsten no creía que necesitaba tener mayor vínculo con el equipo de directores que le asignaron; ellos ya entenderían la envergadura del proyecto y sabrían ponerlo en marcha. No tomó en cuenta que los indios podrían no ser especialistas en leer la mente y menos de traducirla del alemán –que no hablaban– a la cultura de la organización y a la realidad del país. Entonces se dedicó a descalificarlos y a juzgarlos de mediocres.

Thorsten parecía no mirar a la persona que tenía enfrente, sino que estaba perdido allá en ese lugar mágico que era el foco de su ambición. Y cuando alguien tomaba la palabra, pronto lo interrumpía para volver a ese lugar en un futuro, que estaba claro en su cabeza pero que nadie lo entendía y que tampoco sabía explicar, ni en su propio idioma. Sólo enfatizaba una y otra vez los millones de euros que estaban en juego.

El presente que vivía no estaba a la altura de sus anhelos. Y nunca llegó a estarlo. Thorsten estaba poseído por esta voz y terminó siendo víctima de ella, y despedido de la organización. Claro, cuando regresó a su pueblo, adivina quiénes fueron los culpables en los relatos que hizo de la India...

El impaciente

¿Cómo se reconoce la voz del impaciente interior?
El impaciente interior no permite que la persona esté quieta ni un minuto. Todo debe ser rápido. Rápido aunque sea mal hecho. El impaciente nos habita como voz primaria si acostumbramos criticar a los otros porque no se mueven a nuestro mismo ritmo, si la lentitud nos causa desesperación y si resulta insoportable la gente que no entiende nuestro pensamiento al instante, cuando para nosotros es más que obvio y claro.

¿Qué lo caracteriza?
Es la voz que presiona a moverse, a dar más, más rápido o mejor. Todo es "para *antier*". Ya es ya. No hay minuto que aguante en la espera de algo. Es preferible asumir una multa que hacer una fila de media hora para pagar algún servicio. El impaciente sale de un establecimiento si ve que hay más gente en la fila para pagar de lo que está dispuesto a tolerar.

El impaciente interno puede ocupar un lugar tan grande como la ambición en el estilo vikingo. No deja que se siente cinco minutos a descansar pues podría estar ocupando su tiempo en algo que trajera más ganancias o fuera más productivo.

¿Cuál es su función?
El impaciente busca mantener la mente siempre en movimiento y cambiando de ideas, de lugar, de pensamientos.

Tiene una lista interminable de cosas que hacer, obligaciones que cumplir, lugares que visitar. Es incansable. Tiene una gran energía y una capacidad de acción apabullante. Nadie es tan rápido, tan efectivo y tan encantador como él.

Su intención es que la persona se mueva para lograr sus sueños. Y que no pierda el tiempo. Que actúe ya. Que rinda el 100 % en todo, constantemente. Que vaya por delante de los acontecimientos y se anticipe a cualquier obstáculo para solucionarlo antes de que aparezca. Resolverlo en ese instante, pues no hay paciencia para esperar un minuto más.

La rapidez protege de sentir la relajación, previene de sentir placer, dolor, pues en ese movimiento continuo en que se encuentra, los músculos se tensan y la mente se enfoca en el futuro al que se quiere llegar. El impaciente aparece porque hay algo en el presente que preferimos no sentir. Es mejor no detenerse que enfrentarse a uno mismo.

¿Cómo puede limitar?
El impaciente llevado al extremo puede producir que nos cueste trabajo desconectarnos del río frenético de pensamientos de nuestra cabeza, y por lo tanto no logremos ni dormir por la noche; esta voz puede ser la causante de que terminemos enfermos. O de que entremos en conflictos con gente que no tiene la misma rapidez y capacidad que nosotros.

Por estar demasiado orientado a la acción, es posible que esta voz no permita a la persona tomarse el tiempo para reflexionar por qué o para qué hace tantas cosas. Y hace que haga todo como un autómata.

Es posible que por hacer las cosas ansiosamente con tal de quitárselas de encima, se termine cometiendo errores, omisiones y se tenga que volver a hacerlas, con lo cual caemos en la paradoja de "lo rápido es lento".

Historia. El impaciente inglés

Steve es director de una oficina de enlace en un país de África. Se trata de una oficina regional con más de cien personas que le reportan indirectamente. Lleva menos de un año trabajando en el organismo y es la primera asignación que tiene en el continente. Entre la malaria que lo atacó a los pocos meses de llegar, el calor y la diferencia cultural, Steve estalla una y otra vez en las reuniones con su equipo. El tiempo para el proyecto se está esfumando sin llegar a nada y a su equipo parece que le corre melaza por las venas.

Steve se define a sí mismo como impaciente, e inicia el proceso de coaching desesperado por no saber cómo inyectar sentido de urgencia a su equipo, en el que hay personas de varios países africanos, un pakistaní y una china.

Está además agotado, porque en los últimos meses se ha dedicado a hacer el trabajo propio y el de sus colaboradores para tener algo que presentar a los auditores de Ginebra. La gota que derrama el vaso le sucede un día, no en la oficina, sino en su casa, cuando después de meses de perseguir a unos trabajadores para que le instalaran un mosquitero en la puerta de entrada, por fin llegan a hacer el trabajo. Y la noche en que regresa de la oficina ¿qué descubre? Que le instalaron el mosquitero en una puerta falsa que no abría, rompieron la pared, dejaron todo semidestruido, y la puerta de entrada a merced de los insectos...

La impaciencia no lo estaba llevando a nada positivo y constructivo, ni a él ni a su equipo, así que decidió hablar con esa voz y darse cuenta de la enorme lentitud en que había caído, paradójicamente, por verse poseído por su impaciencia.

El ejecutivo

¿Cómo se reconoce la voz del ejecutivo interior?
Resolver con determinación, contundencia y certeza son cualidades propias del ejecutivo interior. Esto lleva a que

sea una voz que tiene problemas con todo lo que es ambiguo, difuso, poco claro o sin un entregable concreto.

¿Qué lo caracteriza?
El ejecutivo interno es esa parte del vikingo que está ocupada en resolver situaciones, retos, problemas, conflictos de otros. Es especialista en tener siempre la respuesta a cualquier planteamiento y está en permanente estado de alerta para resolverle todo a todos.

El ejecutivo es determinado, sabe con claridad lo que le corresponde a cada uno y puede hacer la tarea de cinco personas sin que parezca que gasta demasiada energía. Al ejecutivo le gusta tomar decisiones y tiene un instinto que muchas veces lo lleva por buen camino. Puede observárselo desde organizando un evento para mil personas, hasta corrigiendo presentaciones de los colaboradores que no saben cómo enfocar su tema.

¿Cuál es su función?
El motor que lo lleva a actuar es ser confiable y competente en cualquier ámbito de su vida. Lo que más lo satisface es el trabajo terminado. Las metas logradas. El reconocimiento obtenido. La contundencia con la que esta voz nos lleva a actuar logra generar credibilidad y seguridad de que lo que se dice es lo que se piensa y como se actúa.

El ejecutivo que habita en el interior es también una fuerza que nos protege de sentir que la vida no está en nuestras manos. Lo peor que le puede pasar a esta voz es que uno se caiga, se desmorone, se desequilibre o pierda el rumbo. Es quien mantiene el barco siempre a flote, sin importar cuán fuerte sea la borrasca.

El ejecutivo es también una voz que a menudo se observa en el espartano, aunque con la diferencia de que en ese estilo trabaja casi siempre con el perfeccionista y tiende más a buscar la excelencia que el logro por el logro mismo, como sucede con el vikingo.

¿Cómo puede limitar?

Si el ejecutivo es la voz que nos domina, es posible que recibamos mucho reconocimiento por nuestra increíble capacidad y determinación. Por otro lado, si la voz es ejercida de forma disfuncional, entonces significa que podemos estar descalificando a todos a nuestro alrededor por considerarlos incompetentes, con lo que uno termina haciendo el trabajo de todos. Esta desconfianza provoca que los tratemos como niños pequeños y que seamos el límite de su crecimiento, porque no les permitimos mostrar que son inteligentes, que tienen preparación, que son capaces de hacer las cosas aunque no sea de la manera en que nosotros mismos las haríamos. Puede ser intimidante tanta determinación, tanta seguridad y tanta ejecución eficiente.

Historia. El hada madrina

Astrid es sueca. Es directora adjunta de un organismo internacional con base en Bolivia. Ella es rubia, mide un metro ochenta y es corpulenta. Parece hasta dos veces más alta que el promedio de la población. Es una mujer clara y directa. Se define a sí misma como muy eficiente, centrada en el logro, en la excelencia y tiene una capacidad ejecutiva y de gestión que son muy valoradas en la organización. Tanto es así, que su jefa se ausenta períodos más o menos largos por distintos motivos y confía en que Astrid se hará cargo de todo.

Por otro lado, el equipo del país está formado por cierta cantidad de bolivianos y por algunos colaboradores internacionales que coinciden en tener un mal manejo del inglés escrito, a diferencia de ella, con un doctorado en Inglaterra y una parte perfeccionista que no permite que haya un solo error en lo que sale de esa oficina. Con el paso del tiempo, sin darse cuenta se convirtió en negociadora ante el gobierno, en representación de su jefa, ejecutora de sus propias funciones y además en traductora y redactora en jefe de todo documento que saliera de la oficina. De esta suerte, cuando ella se va de vacaciones, la oficina se colapsa, a diferencia de lo que ocurre cuando lo hace su jefa. Se volvió el hada madrina y la persona indispensable que ejecuta casi el 80% del trabajo de un equipo de 20 personas.

Astrid está reventada. Trabaja jornadas de 16 horas y paga un alto costo por estar sobreidentificada con la voz ejecutiva que mueve todas sus acciones y pensamientos. Por otro lado, disfruta todo el reconocimiento y el poder que esto le está dando a los ojos de los directivos de la organización, pues su sueño es algún día subir al puesto de su jefa.

Capítulo 5

El estilo maya

O la batalla entre el afecto en comunidad
y "la carga que llevo sobre mis espaldas"

¿A qué llamo "estilo maya"?

En la matriz de polaridades, el maya está situado en el cuadrante opuesto al vikingo, que corresponde a la gente que necesita **cercanía** en el eje del espacio y **seguridad** y permanencia en el eje del tiempo. Sus voces interiores son en buena medida las opuestas a las del vikingo.

El maya se describe a sí mismo como distraído, confuso, a veces con mala memoria y más enfocado en las personas que en obtener resultados.

Al maya es la cercanía afectiva lo que le importa. Necesita, además, estabilidad y seguridad. Es alguien que cultiva relaciones a largo plazo y aprecia especialmente los valores de su comunidad. Por lo general promueve las tradiciones y muestra una parte o voz conservadora.

El maya se identifica con ser servicial. Es la voz **complaciente**, para la cual los otros están siempre en primer plano. Puede llegar a ser incluso sumiso, dado que cumplir los deseos del otro es lo que más feliz lo hace. Podría decir: "yo soy tú, luego existo."[25]

---

[25] Naranjo, Claudio: *Carácter y neurosis*, pág. 377. Ediciones Granica, Buenos Aires, 2012.

Otra voz interior que se observa a menudo en los mayas es la **respetuosa**. Valora y aprecia las aportaciones de todos, no se olvida ni del más pequeño o inexperto. Es una voz incluyente y comprensiva.

Hay una voz **empática** propia del maya que tiene una capacidad de conexión emocional que pocas veces se ve en personas de los otros estilos. A menudo olvida tareas o resultados, pues considera que la prioridad es escuchar al que vino a buscarlo. Esto facilita que las personas se sientan legitimadas, aunque eso lleve al maya a no terminar sus tareas. Al dejarse llevar por interrupciones todo el día con gente que le pide consejos se desvía de sus propios objetivos, y después debe compensar esforzándose y trabajando el doble. Pues es muy **esforzado** y le gusta que le reconozcan todo lo que hizo, aun cuando no llegue a los resultados deseados.

Si el vikingo se identifica con la voz interna de la independencia, el maya se precia por sus relaciones de **interdependencia** con otros. Pues la dependencia mutua le resuelve la necesidad de pertenecer. Y su dependencia es más que nada emocional, lo que lo hace sentirse comprometido con los demás, ante quienes se siente en deuda y, por lo tanto, se enfoca constantemente en dar, ofrecer apoyo, escuchar, ayudar y tener una actitud de servicio que puede rayar en el sacrificio con tal de sentir que los demás lo necesitan.

Por otro lado, el maya sueña con ser libre. Sus principales sueños y fantasías tienen que ver con "aquel día en que por fin seré libre y haré lo que quiera", aunque pareciera que todas sus acciones lo conducen a amarrarse cada vez más a dependencias.

En la familia, el maya aparece como la madre o padre abnegados, la esposa o esposo entregado y dispuesto a darse a sí mismo para que todos estén bien y reciban el apoyo que necesitan. En el trabajo es el o la encargada de tener detalles con cada persona; todos se sienten bienvenidos y valiosos en su presencia.

Las personas de estilo maya necesitan una cantidad exagerada de consejos o recomendaciones de los otros para tomar una decisión, y permiten que los demás tomen la mayor parte de sus determinaciones. Evalúa los posibles daños a terceros que puedan verse afectados por su decisión y esto lo puede detener. Es alguien que valora el esfuerzo más que el resultado y sobre todo la **humildad**; jamás es arrogante o soberbio cuando logra algo digno de reconocimiento.

Caso: ¿por qué yo si otro puede hacerlo mejor?

Dulce tenía 46 años cuando hizo su proceso de coaching. Al inicio, me reveló que hasta ese momento no había tomado una sola de las decisiones importantes de su vida. Siempre había dejado que otros lo hicieran, y ella, complaciente, los obedeció. Así, su madre le eligió la carrera y el novio adecuado para casarse. El novio decidió cómo, cuándo y dónde casarse, así como cuándo tener hijos. Al marido le delegó las decisiones sobre las escuelas, el perro y el manejo de las finanzas. Un profesor de la universidad la recomendó en la empresa en que trabaja desde que se graduó, y hasta la señora que hacía la limpieza en su casa había sido enviada por su hermana menor. Así que el día en que la directora del área la envió a un proceso de coaching para mejorar sus habilidades de toma de decisiones, a Dulce casi le da un ataque. Porque le hablaban en chino. Sentía que le pedían peras al olmo.

¿Cuál había sido su estrategia para sobrevivir en las batallas organizacionales sin tomar decisiones?

—Muy fácil —dijo—. Es que yo no puedo soportar el miedo que me da decir que no, aunque en el fondo quisiera sentirme libre de decir "no". Es un miedo horrible a que crean que no soy una buena persona y que por eso se alejen de mí y me rechacen. Así que a todo digo que sí, y en el trabajo también consulto a varios que son muy buenos y rápidos en ver el mejor camino, y ya sabes que hay gente a la que le encanta estar dando consejos...

Y añadió algo aún más preciso:

—Yo no sirvo para eso de tomar las riendas. A mí que me digan qué hacer, para cuándo y listo, lo hago. Qué flojera eso de tener que pensar.

Por otro lado, se sentía el miembro menos importante de su familia, obligada a cuidarlos y nutrirlos. Era la que acompañaba a sus padres ya ancianos, mientras que sus hermanos se desentendían sabiendo que con ella estarían bien.

Voces interiores que habitan en el maya

A continuación haré una descripción más detallada de las voces que he agrupado para conformar al estilo maya.

Como se mencionó anteriormente, el hecho de agruparlas en este estilo es solo con el objetivo de facilitar la visión de un mapa interno que en la realidad es siempre más complejo.

Cualquier persona de cualquier estilo puede tener presentes en su vida estas voces, solo que tal vez no las tenga tan arraigadas o con un volumen tan alto como suelen aparecer en el maya.

Las voces seleccionadas, entonces, no son ni todas las que posee un maya, ni exclusivas de este. Sí son las más características y las que más comúnmente he observado. Invito al lector a resonar con cada una para ir encontrando la intensidad, el volumen y la manera en que cada una ejerce una influencia en su vida.

Recomiendo reflexionar primero si tiene conciencia de la existencia de cada voz y la manera en la que opera en su conducta. Si tiene una relación con ella; si la acepta o rechaza; si considera que es como un enemigo interior que debe combatir, sin saber cómo deshacerse de ella, o si actúa como impulso incontrolado. Todo esto será promotor de aprendizajes sobre la gran diversidad que se oculta bajo nuestra piel.

El complaciente

¿Cómo se reconoce la voz del complaciente interior?
El complaciente que habita en el maya constantemente juzga a los otros de abusivos, impositivos, agresivos, irrespetuosos o prepotentes. Si a menudo nos encontramos criticando lo anterior, puede significar que estamos identificados con esta voz. El complaciente se define como servicial, amable y atento.

¿Qué lo caracteriza?
El complaciente interno necesita quedar bien, ser el niño bueno que busca que el otro lo acepte. Es el que quiere hacer a otros felices y jamás contradecirlos o hacerlos sentir mal. Es quien mueve a la persona a ser servicial, amable, dispuesta a ayudar. Esta voz pone las necesidades de los otros por encima de las propias para "quedar bien" con los demás, "ponerse a las órdenes" de todos y adopta una posición de obediencia o subordinación ante la autoridad o el poder de quienes considera superiores. "Tus deseos son órdenes para mí." El complaciente nos lleva a tomar un papel como subordinado y en una relación con una persona dominante puede ir siendo cada vez más sometido, al grado de permitir abusos.

¿Cuál es su función?
El complaciente tiene una fuerte necesidad de mostrar disposición para colaborar y crear armonía con la **intención** de protegernos de la amenaza que significaría una situación de tensión o conflicto. Complacemos para "calmar al diablo", para evitar un castigo, y en última instancia ser aceptados.

¿Cómo puede limitarte?
Si una persona está demasiado identificada con el complaciente, con seguridad será alguien con problemas para marcar un alto y decir no. Por querer ayudar y colaborar no pondrá límites y permitirá que otros abusen de él o ella. De ahí que pueda llegar a tener una sobrecarga de responsa-

bilidades que no le correspondan. Cuando decimos que sí queriendo decir que no, damos alimento al complaciente, aunque otras voces nuestras se enojen y nos dejen sin dormir. Pero de nuevo el complaciente quiere ser siempre una buena persona y acaba ganando una batalla en la que el perdedor es él mismo. En un extremo puede caer en permitir cualquier maltrato, o bien ser alguien que se deprime cuando se da cuenta que su exagerada orientación a servir a otros lo ha llevado a ser negligente con sus propias necesidades.

Historia. Soy tuya, mi amor

Ana Elena es cirujana dentista especializada en maxilofacial. Es muy exitosa y su consultorio siempre está lleno. Tiene 45 años, está casada en segundas nupcias y sin hijos. Es una mujer dulce y bella que siempre usa una ropa sensual que el marido escoge por ella. Ana Elena no puede ponerse nada que no haya sido seleccionado por él, ya que quiere siempre darle gusto para que se sienta orgulloso y satisfecho de tener una mujer como ella a su lado.

En su trabajo es la jefa, la que toma decisiones, la que revisa expedientes y hace cirugías con una precisión notable. Pero cuando llega a casa le sucede algo que no sabe cómo explicar. Siente como si se convirtiera en otra, a merced de los deseos y exigencias de su marido, que con el paso del tiempo se ha ido volviendo cada vez más dominante. Ella hace todo por tenerlo contento y complacerlo; y él, en cambio, le arma continuas broncas y escenas de celos. Ella se desvive por él. Hace muchas cosas que en su pensamiento jamás hubiera admitido pero siente como si no tuviera opción cuando está frente a él. Como si ella no fuera más que un ser cuya existencia está dada para ser una especie de juguete para satisfacerlo a él en sus extravagancias, exigencias y demandas.

—¿Sabes? Es como si el mero hecho de llegar a casa hiciera que se me desconectara el cerebro y desapareciera esa otra que soy yo en el trabajo, y de pronto no pienso, solo digo que sí a todo y cada vez me va peor. Todos los días me desgasto pensando que tengo que hablar

con él, que debo poner un límite, pero cuando lo tengo enfrente exigiendo que satisfaga algún deseo suyo, el pensamiento se me desvanece y esa voz dentro de mí me dice que estoy ahí para complacerlo, y me vuelvo aún más sumisa, sometida, obediente.

El día en que canceló todas las consultas de la fecha por haber amanecido con la cara moreteada, decidió que ya era momento de hacer algo y buscó ayuda.

El respetuoso

¿Cómo se reconoce la voz del respetuoso interior?
La voz respetuosa rechaza a los que considera abusivos, intimidantes, dictatoriales o irrespetuosos. La dignidad es su bandera.

¿Qué lo caracteriza?
Esta voz del maya proyecta una habilidad excepcional para colaborar con los demás. Crea relaciones profesionales o personales basadas en el compromiso y respeto mutuos que son la base de la colaboración. El respetuoso reconoce que cada uno aporta fortalezas y limitaciones al equipo. Cree que la única forma de complementar y potenciar lo que de otra forma sería un juego de solistas es empezar por respetarse unos a otros en sus diferencias.

¿Cuál es su función?
Protegernos del peor de sus miedos: el maltrato. Esta voz es una protectora que garantiza el sentido de pertenencia. Su intención es que la persona sienta la felicidad de las experiencias y las creaciones compartidas con los otros en un ambiente de respeto y colaboración.

¿Cómo puede limitar?
Hace que uno se resista a hacer cosas por sí mismo por te-

mor a que eso implique una falta de respeto a alguien. Pues nos vuelve un ser vulnerable, frágil, dependiente y hace que nos movamos como un niño, supeditado a los demás para sentirnos bien.

Historia. Callar o morir

Ramiro tiene tres palabras que lo acompañan en cada frase que pronuncia: el respeto, la dignidad y sus derechos. Odia a su jefe coreano como a nadie en la vida, justo porque representa al tirano irrespetuoso, pasa por encima de su dignidad y cree que los colaboradores solo tienen obligaciones, no derechos.

Pero Ramiro calla, no dice nada. Lo intimidan los gritos, los manotazos sobre la mesa y las humillaciones públicas de su jefe, y lo castiga con la mejor de sus armas: no entregar a tiempo, ocultar información sensible que pondría al jefe aún más furioso contra él y hablaría mal de él mañana, tarde y noche. No sabe que al hacerlo le otorga más y más poder y él se somete cada vez más.

Ramiro es gerente de producción y sueña con ser libre algún día, pero sabe que ahora tiene tantos compromisos con sus hijos trillizos que no le es posible renunciar. Aguanta estoicamente su cruz. A menudo se queja con su equipo de que esto parece más un campo de concentración que una organización. "Nos tratan como esclavos." Pero lo cierto es que el propio Ramiro permite ese trato. Sabe que necesita el ingreso, y por la estabilidad y seguridad de su familia permite las constantes humillaciones y faltas de respeto… No se da cuenta de que el problema no son los coreanos, sino este apego ciego a su voz respetuosa que lo lleva al efecto opuesto del que quiere lograr.

El empático

¿Cómo se reconoce la voz del empático interior?
El empático interno no soporta a la gente poco considera-

da, fría o cruel. Critica a los rudos, a los que dicen las cosas de manera abierta y sin tapujos, y a los muy racionales.

¿Qué lo caracteriza?
Esta voz tiene una habilidad aguda para conectarnos con los demás. Es alguien capaz de darse cuenta de lo que está debajo de la superficie, lee entre líneas y descubre los detalles importantes de situaciones complejas. El sensible interno muestra ternura, compasión y empatía, y sabe cómo se está sintiendo alguien antes de que él o ella se dé cuenta. Es una voz que refleja una profunda preocupación por la gente que nos rodea.

¿Cuál es su función?
El sensible cubre la necesidad de sentir profundamente y estar en conexión con todo. Es gracias a esta voz que el maya puede hacer una lectura desde la intuición y una traducción emocional de lo que sucede a su alrededor.

Esto le permite ser con el otro, entregarse, atender desde el corazón las necesidades de las personas que lo rodean. Esta voz está ahí para recordarle que el camino de su vida, el que es valioso, tiene su origen en el corazón.

¿Cómo puede limitarte?
Si esta voz nos habita de forma excesiva, de manera que nos identifiquemos demasiado con ella, es posible que la intensidad de nuestros sentimientos y emociones nos invada de forma incontrolable en circunstancias o momentos que no necesariamente son los más adecuados. Cuando desde esta polaridad uno se para a criticar a todos los que considera racionales o fríos, no llega a darse cuenta de su propia frialdad al juzgar y caer en lo mismo que censura.

También es posible que si esta voz tiene mucho poder sobre nosotros sea porque nos sentimos en desventaja frente a los otros: frágiles, expuestos y fácilmente heridos.

Historia. Hermano Sol, hermana Luna

Ramesh tiene una sonrisa luminosa en la que brillan especialmente sus enormes ojos negros de pestañas tupidas. Él ha pertenecido a la policía de Pakistán, patrullando la frontera con Afganistán y ha estado en múltiples situaciones límite en su vida. Ahora dirige un área de logística compleja en una misión en Siria y se describe a sí mismo de la siguiente manera:

"Está en mi naturaleza comprender a los demás. Para mí, cada día es un gran día en esta vida y me gusta ser el líder que despierta en su gente el deseo de agradecer por todos los dones que tienen, en especial el de la vida."

Tiene un equipo internacional compuesto por sirios, europeos, africanos y un indio a quienes les dice todos los días: "Estamos aquí asignados lejos de nuestras familias. Es importante que nos veamos como si fuéramos un ramo de flores distintas, que es más bello gracias a su diversidad de formas, colores y aromas. Seamos familia. Acompañémonos a vivir el regalo de cada día sirviendo mejor, siendo excelentes como seres humanos a partir de cómo nos comprendemos y apoyamos".

Ramesh es sin duda el líder que todos quieren tener en ese tipo de operaciones. Pero cuando el jefe le da retroalimentación y le dice que necesita ser más enérgico, poner límites, no ser tan condescendiente porque algunos miembros de su equipo están aprovechando que siempre tiene palabras comprensivas, entra en un dilema que no sabe cómo resolver. ¿Cómo darles retroalimentación "negativa" sin que lo comiencen a desaprobar como jefe? La voz empática que lleva dentro se resiste a que aparezca alguna otra que lo ayude a ser aún mejor líder y seguir siendo el extraordinario ser humano que ya es.

El postergador

¿Cómo se reconoce la voz del postergador interior?
Cuando esta voz es dominante en la vida de una persona, con seguridad juzga a los otros como rígidos, inflexibles y

exigentes. Le parecen absurdas sus demandas, si "no pasa nada" cuando se entrega un día después.

¿Qué lo caracteriza?
El postergador que habita dentro de uno vive inspirado por el momento presente. Distrae de cualquier expectativa interna o externa, y en especial hace que olvidemos cumplir fechas de entrega o compromisos concretos por distraernos en algo que nada tiene que ver. El postergador a menudo cumple con muchas otras tareas al mismo tiempo, con lo que evade realizar la que uno tenía programada. Tiene una creatividad enorme para posponer o retrasar el cumplimiento de algo, lo que permite que se vaya incubando la idea dentro de nosotros mismos. "En un ratito", "no es tan urgente", "rápido lo hago después" son algunas de las frases que lo caracterizan.

¿Cuál es su función?
El postergador cubre la necesidad de aliviar la presión que generan las expectativas de entrega o cumplimiento. No soporta el estrés y hace todo lo posible por mitigarlo convenciéndonos de que hay mucho tiempo y es más importante relajarnos.

Su intención es brindar el tiempo y espacio para que germinen las ideas o para que reevaluemos la tarea. Al postergador no le gusta la ansiedad que genera la presión y hace todo por reducirla.

¿Cómo puede limitarte?
Si nos identificamos de más con esta voz es posible que descuidemos y desatendamos responsabilidades y obligaciones, y por lo tanto que nos quedemos lejos de alcanzar nuestras metas y sueños. O que perdamos nuestro trabajo. O que nos rechace la gente que al final termina lo que dejamos a medias. En casos extremos puede llevar a la parálisis y a vivir a costa de los demás.

Historia. Canek

Por fin logró hacer una sesión con su equipo para ver las metas anuales... en el mes de septiembre. Se congratula de que al menos logró hacerla, un poco tarde, sí, pero la hizo, ¿o no?

Para Canek, dejar las cosas para después es lo más natural del mundo. Ya vive bastante estresado con todas las urgencias como para agobiarse además por algo que puede esperar. Él es socio de una empresa familiar del ramo de la construcción que ha crecido de forma exponencial en los últimos años. Están enfrentando una serie de demandas de los clientes por viviendas mal construidas, instalaciones que revientan al poco tiempo, puertas que no abren correctamente. Ya tiene muchos archivos apilados en su escritorio que debe leer y firmar, pero ahí seguirán durante semanas hasta que le llegue el agua al cuello o se aparezcan los del juzgado en su oficina.

Canek es un hombre muy ocupado. Lo que más lo entretiene es la forma en que habla sin parar, sin comas ni puntos; no deja un mínimo descanso para que el interlocutor pueda intervenir en su monólogo permanente. Canek habla en círculos, cuenta la historia completa con todos los detalles de todo lo que le sucedió y que finalmente lo desvían del tema del que quería hablar, que a final de cuentas podrá ser abordado en una conversación posterior. Pero es tan buena gente, que a las personas cercanas les cuesta enfrentarse con él.

Dice que así ha sido siempre. Dejaba hasta media hora antes del examen para revisar los apuntes y estudiar; deja todo para después porque su presente lo tiene agobiado con un sinfín de asuntos que se siente obligado a atender. Su oficina parece más un consultorio por el que desfilan todos los empleados, y sus hermanos están desesperados porque él es la cabeza de la organización y dependen de él para decisiones que se quedan relegadas a veces durante meses sencillamente porque Canek se queda atorado en otras cosas.

Cuando pide ayuda dice que quiere específicamente trabajar con eso que lo hace dejar todo para después. Quiere saber si es algo que trae casi de programación genética o si puede hacer algo al respecto.

El seguidor

¿Cómo se reconoce la voz del seguidor interior?
El seguidor que habita en el maya lo mueve a pertenecer, y juzga a los otros de cínicos, intimidantes, egoístas, distantes o tercos.

¿Qué lo caracteriza?
Esta voz representa a alguien leal y dedicado a una persona, un grupo o una causa. Se siente cómodo adecuándose a las reglas y requerimientos, y es quien ayuda a que los otros logren sus propósitos.

El seguidor es de vital importancia para el éxito de cualquier líder, equipo u organización. Es el discípulo perfecto, el fan o el simpatizante que se inspira en aquellos a quienes admira. Si es una voz fuerte dentro de nosotros, con seguridad somos muy apreciados por los equipos a los que pertenecemos por nuestra habilidad para aglutinar y hacer sentir bien a todos.

¿Cuál es su función?
El impulso que hace surgir esta voz es la necesidad de pertenecer y ser valorado. Su intención es que encontremos un lugar en el mundo.

¿Cómo puede limitarte?
Estando tan enfocados en las ideas, visiones y deseos de los demás tal vez terminemos sacrificando los propios. Porque entonces, si pensamos en nosotros mismos nos juzgamos de egoístas y eso es lo peor que nos puede pasar.

Otra manera de hacernos daño es si por excesiva presencia del seguidor, idealizamos a quienes seguimos hasta sentirnos carentes de valor personal.

Historia. ¿Por qué yo?

Mkwanda nunca pidió que lo ascendieran. Es médico y ha dedicado su vida a la prevención del SIDA en varios países del continente africano. Lleva 25 años trabajando en la misma agencia internacional y sabe que su misión en la vida es ayudar a la población más vulnerable y promover la salud sexual en el continente.

Mkwanda es keniano, se define como alguien que hace su mejor esfuerzo y que es un colaborador leal a la organización, a su misión y a la forma en que trabaja. Con el paso de los años le han ido ofreciendo posiciones más altas en la jerarquía que él no buscaba pero que tampoco ha podido rechazar por su afán de servir en lo que sus jefes consideran que él puede dar una mejor aportación. La verdad es que lo que le gusta es atender a los pacientes, estar en contacto directo con la población, hacer personalmente las campañas de educación en las comunidades remotas, hablar con la gente. No le gusta ser gerente. Se queja del trabajo administrativo. No le gusta pasar el tiempo de junta en junta ni hacer interminables informes para Ginebra. Dice que es pésimo líder, no le sale. Siente que su opinión nunca es tan valiosa como la de algunos de sus colaboradores europeos. A él le gusta seguir, obedecer, servir, no dirigir. Sufre mucho en el puesto actual y está pensando seriamente en dejar la organización para volver al origen de su vocación. Cree que se nace líder, y rechaza la idea de desarrollar esas capacidades, hasta que comienza un proceso personal en el que tiene encuentros bien reveladores con ese seguidor que lo habita y que ha silenciado otras voces que estaban ahí ocultas, esperando ser escuchadas.

El esforzado

¿Cómo se reconoce la voz del esforzado interior?
Cuando alguien vive identificado con esta voz critica a otros de poco solidarios, poco comprometidos o egoístas. Pues por más que hace y hace, no logra el resultado.

¿Qué lo caracteriza?
El esforzado es dedicado y puede cargar con la responsabilidad de muchos, quedarse largas jornadas estudiando o trabajando, y no necesariamente termina a tiempo o bien las cosas. Pues lo importante es esforzarse, no obtener el resultado. El esforzado se siente como Sísifo, que sube la montaña con una piedra sobre sus espaldas sin poder llegar nunca a la meta.

¿Cuál es su función?
Necesita mostrar cómo lucha y se cansa en la consecución de sus tareas. Está ahí para que uno sienta el peso de la carga sobre tus hombros y su **intención** es que el esfuerzo sea reconocido y apreciado, aunque no logre los resultados.

¿Cómo puede limitarte?
Cuando es tanto lo que cargamos, en nuestra mente ya solo pasan pensamientos angustiantes sobre la magnitud de la tarea y este solo pensamiento impide que la resolvamos. De ahí que uno pueda convertirse en observador pasivo de una carga en incesante aumento, que se incrementa en forma directamente proporcional a nuestra incapacidad para hacernos cargo de ella.

También puede afectar el hecho de que por asumir lo que en realidad compete a otros nos distraigamos con varias cosas y dejemos para el final lo propio, por lo que la carga parece más grande de lo que es. El costo que pagamos por tanto esfuerzo es el sufrimiento constante, el agobio y el sentirnos como esclavos. Esta voz nos hace olvidar que seguimos siendo libres.

Historia. Los esfuerzos de Angustias

Angustias está muy enojada porque en su evaluación le pusieron una nota de "bajo desempeño" que es totalmente injustificada según ella, pues es la persona que más se esfuerza en toda el área.

Angustias trabaja en el sector de compras de una empresa del ramo de aeronáutica ubicada en Valencia, España, en la que lleva ya tres años. Antes de eso estuvo en una empresa automotriz. La verdad es que ha ido descubriendo que las piezas de los aviones que debe pedir de todo el mundo pueden tener una variación increíble en el costo, aun cuando las especificaciones parecieran ser las mismas. Ella dice que la empresa ha ahorrado muchísimo dinero desde que llegó, pues ha descubierto que algunos usuarios compraban piezas –que usan por miles en sus procesos– a unos céntimos y otros a más de 10 euros por pieza. Y ella se ha esforzado en unificar criterios de compra. Pero nada es suficiente para su jefe, un francés que solo exige y exige sin darse cuenta de todo el esfuerzo que implica lo que ella hace. El jefe dice que lo importante es el resultado. Y Angustias clama por ser evaluada por el esfuerzo que hace y que todos los días la retiene en su oficina hasta después de las ocho de la noche.

Un día, en un proceso de coaching, Angustias hace por primera vez contacto con esa parte de ella que la lleva a ser esforzada, y empieza a descubrir todo lo que ha dejado de ver y valorar por exagerar el esfuerzo que hace.

El tradicional

¿Cómo se reconoce la voz del tradicional interior?

Aquellos que se identifican con esta voz suelen definirse como conservadores o formales, y rechazarán a quienes consideran extravagantes, pretenciosos, histriónicos y con demasiada ansia por brillar.

¿Qué lo caracteriza?

El ser tradicional que habita en el maya está conforme con todo lo que es cotidiano, habitual y rutinario. Lo que más valora son las costumbres y reuniones familiares y comunitarias. Las recetas de la abuela, el postre de la tía, las empanadas de la mamá. Se siente satisfecho y alimentado con las cosas simples de la vida y no está preocupado con ningún tipo de logro o reconocimiento externo, sino más bien con sentirse miembro de una comunidad. Se enorgullece de haberse casado en la misma iglesia en que lo hicieron sus padres, de enviar a sus hijos a la misma escuela en la que él estudió, de cultivar las reuniones tradicionales de la familia y de promover, donde sea que se encuentre, que se vayan creando rituales y tradiciones con los que la gente se identifique y se sienta como en una gran familia.

¿Cuál es su función?
El tradicional valora la humildad, la sencillez y el no sobresalir o destacar. Su **intención** es hacer que experimentemos lo sagrado de la historia, de la vida cotidiana y de sus detalles. Nos protege de la amenaza de exponernos al exterior, en un mundo agresivo y competitivo. En casa siempre estaremos resguardados.

¿Cómo puede limitar?
En caso de que sea la voz que domine nuestra vida, es posible que nos conduzca a la rigidez y cerrazón para experimentar la diversidad y nos haga perder la oportunidad y la motivación para explorar nuevas posibilidades en la vida al haber colocado a la tradición personal como un valor que está por encima de todo lo demás. Puede también limitar si se coloca en una posición de superioridad moral la propia tradición frente a la del otro.

Historia. Coco

Coco se casó con el amor de su vida. Fueron novios desde la secundaria y tuvieron que pasar por muchas pruebas para confirmar que sí, que él era el elegido. Él logró su título de ingeniero y Coco estudió en la Escuela Normal para ser maestra de educación básica. Su madre también es maestra y su abuela lo fue. Las mujeres de la familia deben ser maestras para seguir la tradición. Además, ser buenas esposas, madres y promotoras religiosas en la parroquia del pueblo. Su vida ha transcurrido de manera fluida desde que tiene uso de razón y se precia de haber aprendido las artes familiares del tejido y la cocina.

Coco y su marido son de un pueblo de la sierra en el centro de México. Cuando se casan, ella se muda con él a la ciudad de Querétaro, donde él consiguió un trabajo de ingeniero en una empresa de autopartes. Van todos los fines de semana a su pueblo y ella poco a poco empieza a adaptarse a su vida en la capital, donde va haciendo conocidos y tiene también un trabajo.

Cinco años más tarde, la compañía envía al marido a su sede en Alemania, donde permanecerá durante un año en un proyecto especializado. Esto representa para él la mayor oportunidad de crecimiento de su vida, además de salir del país y experimentar nuevos mundos. Para Coco representa la peor amenaza que haya enfrentado jamás. Terminan yéndose. Ella sufre desde el primer día. Se esconde en su departamento. No habla con nadie, no sabe cómo comprar en el supermercado, el turco de la frutería la engaña y le vende fruta en mal estado. Su vida es miserable. El clima es horrible. No le salen las tortillas. La hornilla de la estufa es eléctrica y todo parece de mentira. Ni fuego real tiene para cocinar. Imposible conseguir materiales para hacer tamales. No puede hacerle el mole en su cumpleaños al marido y la mitad del tiempo se la pasa llorando. Está todo el día en Facebook y en whatsapp para ver cómo compensa la distancia hablando con sus amigas y con su mamá. Lo único que quiere es regresar a su casa, a su familia, sus tradiciones, su lugar seguro, su idioma. Esto es horrible. Marca en el calendario el día del regreso.

Cuando se acerca la fecha de la vuelta, el director le ofrece al marido la renovación del contrato para que se quede un año más en Alemania pues es buenísimo en lo que hace y le ven un enorme potencial de crecimiento. La oferta es demasiado tentadora para él, y termina por aceptarla. Coco decide regresar. Deja al marido. Lo odia por traicionar sus tradiciones, su cultura y su gente.

El romántico

¿Cómo se reconoce la voz del romántico interior?
Si el romántico es una fuerza que mueve la mayoría de nuestras acciones, a menudo nos encontraremos criticando a quienes nos resulten demasiado prácticos, monótonos, fríos o pesimistas.

¿Qué lo caracteriza?
El romántico crea una interpretación poética de la vida. Es quien expresa su forma particular de infundir un toque de belleza y delicadeza a todas sus experiencias. Tiene una habilidad excepcional para hacer de cada momento algo especial. Genera un sentido de intimidad, espontaneidad y presencia a quien sea o a cualquier cosa que toque con su mirada.

¿Cuál es su función?
Cuando el romántico es la voz cantante, se encarga de idealizar personas, lugares o situaciones. Respira profundo y goza, olvida lo terrenal, lo doloroso, lo feo de la vida. De ahí que su **intención** sea encontrar belleza y pureza aun en medio del fango.

¿Cómo puede limitar?
Puede hacer que uno quede tan atrapado en la idealización que pierda la capacidad de ver la realidad, hasta caer estrepitosamente cuando es demasiado tarde. También es posible que no advierta los límites de los demás por encontrarse perdido en sus fantasías.

Historia. Socias hasta la muerte

Cristy tiene un sueño: poner una agencia de viajes junto con su mejor amiga, con la cual ha compartido alegrías y tristezas a lo largo de casi toda su vida.

Estudió administración de empresas, mientras que su amiga Lili no terminó la carrera, todo lo deja a medias. Pero Cristy quiere demostrar que juntas son invencibles. Sueña con viajes pagados a las que las inviten y en los cuales puedan hacer relaciones y conocer lugares maravillosos que de lo contrario nunca podrían visitar. La idea es su sueño, aunque a Lili no le entusiasma tanto eso de trabajar y esforzarse. Pero por complacer a Cristy, arrancan el negocio.

Cristy tiene el sueño romántico de que todo debe compartirse por partes iguales, aunque el capital y la estrategia del negocio los pone ella, así como los primeros clientes y los contactos con algunas operadoras turísticas de Centroamérica. Crean una sociedad formal ante notario. Es decir, le deja la mesa puesta a su amiga, ahora socia, sin que esta tenga que mover un dedo.

Seis meses después, a Lili apenas se le ve el polvo en la oficina. Anda de viaje en viaje y de crucero en crucero por el mundo. Cristy se queda operando el negocio que atiende ella sola. Hasta que un día se da cuenta de que está muy enojada y no sabe por qué, si se supone que está cumpliendo el sueño que tanto esfuerzo le costó. Pero antes muerta que enfrentarse a su amiga. Lo peor que le podría pasar es perder la amistad. Deja correr el tiempo y la situación va empeorando cada vez más.

Un día llega una nueva clienta, que dice ser coach ejecutiva. Lo demás es historia.

El entregado

¿Cómo se reconoce la voz del entregado interior?
Si esta voz es dominante, con frecuencia nos encontraremos juzgando a los otros de tener poco corazón, ser insensibles, indiferentes o con falta de entrega.

¿Qué lo caracteriza?
El entregado es bien conocido por su gran corazón. Es generoso y caritativo, y fácilmente se compadece de otros y se concentra en apoyarlos y alimentarlos emocionalmente.

Cuando el entregado está a cargo, los demás se sienten tranquilos, amados, cuidados, apreciados y solo se dejan querer. Su naturaleza está centrada en dar y buscar seguridad en los espacios emocionales y físicos en los que habita.

¿Cuál es su función?
Su **intención** es que la persona exprese auténticamente el amor y muestre al mundo su generosa compasión, su entrega y desprendimiento de las cosas materiales por cuidar lo esencial: la preciada vida humana.

¿Cómo puede limitar?
Cuando esta voz es la única que mueve a una persona, se descuidan las propias necesidades por cuidar las de otros. Además, es probable que uno se sienta drenado física o emocionalmente por dar más de lo que recibe. Y el daño ocurre cuando uno cree que no tiene derecho a mostrar su enojo o desacuerdo. Así que empieza a hacerse presente, ya no el que cuida, sino el que controla y chantajea.

Historia. San Beto de las causas perdidas

Beto es el gerente de planta más entregado que haya conocido. Pareciera a veces que no tiene familia porque vive día y noche en la fábrica de producción de helados que dirige. Todo el tiempo está apoyando a alguien que necesita ayuda. Sabe de construcción de máquinas, de mezclas de sabores, de mantenimiento, de temperaturas, de moldes, de vaciado y empaquetado, de logística. No hay proceso por el que no haya pasado en sus 20 años en la compañía y es el hombre orquesta. A veces es ayuda técnica la que le piden; otras, negociar con los clientes cada vez más exigentes, calmar a la gente de la casa matriz en Holanda, hacer el trabajo de alguien que por alguna razón le pidió, o escuchando las mil y una historias de los empleados de todos los niveles con quienes muestra una paciencia casi de santo; llama a quienes informaron que estaban enfermos para ver cómo puede ayu-

darlos, preguntar a doña Juanita, la de intendencia, por su mamá enferma de cáncer o al supervisor de línea si su esposa ya dio a luz… todo con una intención real de acompañarlos aunque sus piernas empiecen a moverse nerviosas porque quieren salir corriendo a su siguiente junta a la que ya llega media hora tarde.

—Yo los ayudo a todos porque sé lo que es estar en su lugar y necesitar algo. Y si yo se lo puedo dar, además es lo que me hace más feliz en la vida— dice—. Si ellos están felices porque los valoro, harán mejor su trabajo, estarán más motivados y la productividad se dará por añadidura.

Si existiera el Oscar al más entregado, sin duda Beto lo ganaría. La entrega es la forma de mostrar lealtad a la organización y a cada persona que trabaja para él.

Beto siempre está sudoroso, siempre entregado a todo tipo de causas, menos a la suya, claro. Es identificado por todos los empleados como el mejor líder que hayan tenido en la historia, menos por uno: el VP de manufactura para las Américas, un estadounidense a quien Beto tacha de frío, indiferente e insensible. Y por su esposa, cada vez más resentida por la entrega que muestra al mundo menos a ella y a la familia. ¿Cómo puede ser ella tan injusta, si su vida entera está entregada a trabajar para darles el nivel de vida que tienen? No entiende. Se queda con este pensamiento rondando en su cabeza mientras se sienta en el sofá. En menos de diez segundos cae como inconsciente.

El buena gente

¿Cómo se reconoce la voz del buena gente interior?
Cuando alguien se define como buena gente o buena onda, es muy probable que no pueda con la gente mal intencionada, sádica, maquiavélica…

¿Qué lo caracteriza?
El buena gente tiene un aire como de bondad un tanto ingenua. Es una energía que le hace ver la vida sin pensar mal de nadie ni esperar malas intenciones en las otras personas.

Eso de estar siempre de buenas es contagioso, pues ayuda a otros a renovar su confianza y esperanza en el mundo.

¿Cuál es su función?
El buena gente necesita sentirse seguro y amado al percibir el mundo con una mirada limpia. Precisa aceptación y sentirse incluido.

¿Cómo puede limitar?
Después de una y otra decepción por parte de personas que se aprovechan de su bondad, se sentirá agobiado o herido por las realidades de la vida sin poder hacer nada al respecto. Cuando el buena gente sigue operando en nosotros sin los filtros de otras voces, seguiremos confiando en quienes no deberíamos y siendo blanco fácil del abuso de otros.

Historia. La protección divina

Lo que más la complace es escuchar que la gente diga una y otra vez cuán buena gente es. Ser buena gente es algo que ha cultivado desde pequeña. Siempre está alegre y cada día mejor. Su optimismo es admirable para quienes la conocen. Andrea es dueña de una dulcería en un barrio violento de la ciudad de León, Guanajuato. La heredó de sus padres, y cuesta trabajo creer que un negocio así de pequeño genere tantos ingresos. El local siempre tiene mucha gente que no solo va a comprar dulces, sino que va a contar todas sus historias a Andrea. Ella los escucha atenta, los aconseja y de paso les vende dulces. También se la pasa regalando caramelos a los niños pequeños. Todos quieren pasar frente a su local cuando regresan de la escuela para saludarla, y de paso recibir su premio. Los más grandes se van haciendo miembros de bandas.

Andrea es afable, amorosa y confiada. A pesar de que en la ciudad se ha incrementado peligrosamente el índice de violencia y casi todas las tiendas aledañas han sido robadas, hecho que llevó al carnicero y al de la tlapalería a cerrar sus negocios, Andrea se siente inmune a algún ataque o robo. No cree necesario protegerse porque cree en la bondad intrínseca de la gente.

Hasta que un día llega una banda encapuchada armada a robarle. Andrea comenzó a rezar y les abrió la caja para que se llevaran todo lo de las ventas del día, y no imaginó que desde la calle un grupo de jóvenes vio a los asaltantes y fueron por refuerzos. Los pandilleros del barrio en menos de un minuto estaban en la tienda protegiendo a su querida Andrea, y acribillaron a los ladrones.

Andrea sigue siendo buena gente, pero ya contrató una alarma, cámaras de seguridad y puso una protección adicional en el local.

El humilde

¿Cómo se reconoce la voz del humilde interior?
Al humilde se lo identifica cuando critica a los pedantes, pretenciosos, engreídos, soberbios, narcisistas, creídos de sí mismos.

¿Qué lo caracteriza?
El humilde es una parte de nosotros que no busca venderse ni estar en los escaparates, sino hacer su trabajo en lo oculto y esperar ser reconocido por los resultados, por la integridad, por los valores incondicionales que muestra, no por usar estrategias de marketing para ensalzarse a sí mismo. Quiere ser valorado por lo que es, no por lo que aparenta.

¿Cuál es su función?
La parte humilde que habita en muchos mayas los protege del riesgo a exponerse sin tener las condiciones internas que lo demuestren.

¿Cómo puede limitar?
Cuando ser tan humilde consista en esconderse de la luz pública a costa del enojo por no tener suficiente recono-

cimiento o ser pasado por alto para ocupar posiciones de mayor relevancia, tanto en el ámbito personal como en el laboral. Se limitan cuando la humildad va unida a la baja apreciación que tienen de su propio valor.

Historia. Los últimos serán los primeros

Masao es el tercer hijo de una familia campesina del sur de Tanzania, al este de África. Su padre es un campesino analfabeto, pero tuvo la suficiente visión como para enviar a sus hijos a la escuela, aunque solo uno de ellos logró salir del pueblo y luego hacer carrera y maestrías en Europa con becas que recibió por sus excelentes resultados: Masao. Hace cuatro años ocupa un cargo en una misión de un organismo internacional en Mali. Como parte de un programa de liderazgo, le aplican una evaluación 360 de la que resulta que todos los que lo rodean lo califican con las evaluaciones más altas y solo tienen comentarios positivos y elogios, mientras que él mismo fue quien se asignó las calificaciones más bajas.

—Lo hago porque estoy muy lejos de ser perfecto. No me gusta ser de esos que se la pasan vendiéndose a sí mismos como muy buenos, cuando en realidad no lo son. No soporto la soberbia ni la presunción. Yo soy un hombre humilde del campo y no quiero parecer más de lo que soy.

En las juntas de trabajo Masao se queda casi siempre callado y no participa porque no quiere parecer arrogante con sus opiniones, que a menudo son muy diferentes de las de sus colegas. Si va a un programa de capacitación, tampoco participa porque considera que es suficiente con lo que dicen los demás.

—Yo crecí con las palabras de mi padre repitiéndome que en esta vida hay que trabajar duro, hay que arar la tierra, hay que cuidarla, hay que quitar la maleza y a eso es a lo que yo me dedico, enfocándome en cada detalle de las finanzas para que absolutamente todos los números cuadren. Y por otro lado, también quiero ser líder y que no me sigan pasando por arriba personas de generaciones de

abajo por ser yo incapaz de mostrar lo que los jefes necesitan ver en alguien de mi nivel. ¿Cómo lo hago?

Así, en una sesión de coaching, después de hablar con ese ser humilde que lleva dentro, se da cuenta que su trabajo gerencial ya no implica mirar hacia abajo y arar la tierra, sino levantar la mirada y el cuerpo, mirar de frente a las personas a las que coordina, dirigir la mirada hacia arriba, perder el temor a sostener la mirada y luego entablar conversaciones para negociar con personas de niveles superiores en la organización.

Capítulo 6

El estilo espartano
O la batalla entre la estabilidad,
el control y la perfección

¿A qué llamo "estilo espartano"?

El estilo espartano se encuentra en el eje del tiempo con preferencia por la **estabilidad** y la **seguridad**. Al espartano se lo verá durante mucho tiempo en el mismo lugar de trabajo y no le importa hacer la misma tarea durante años, pues siempre puede profundizar y especializarse aún más en su tema.

Es alguien a quien puede observarse con los mismos hábitos cotidianos, usando siempre el mismo camino para ir a un sitio y haciéndolo de forma mecánica, puntualmente. Algo que me llama la atención de muchas personas de este estilo tiene que ver con su manera de comer. Lo hace "porque ya es hora" y no porque tenga apetito. Y puede comer lo mismo todos los días sin importarle si hay variedad en los sabores o en el tipo de alimento. Pues lo importante es cubrir la necesidad física, no obtener placer de la comida. Rara vez se lo verá comiendo o bebiendo en exceso. "Todo con medida…"

En el eje del espacio, está situado en el polo de la **distancia**. El espartano se describe a sí mismo como una persona autónoma y a veces hasta individualista. En general, el espartano tiende a distanciarse mental y emocionalmente de los demás. Él quiere tener la libre determinación sobre cuándo y cómo tener interacciones con otros y cuándo necesita su espacio. Puede ser cortante si considera que el tiempo para una conversación ha terminado. Y también puede ser el amigo más leal, pues cuando otorga su confianza lo hace para toda la vida. Aún así, no veremos a un espartano como un *socialité*. En una interacción social, se lo encontrará más en una esquina manteniendo una conversación profunda con alguien que siendo el foco de atracción. Y es que disfruta de la soledad, la reflexión y la introspección que alimenta su espíritu.

La distancia que pone le permite tener una visión global. Es alguien a quien le gusta observar la realidad desde un plano superior, lo que le da una visión de estructuras y procesos como no lo tienen las personas de otros estilos.

Hay varias voces del espartano asociadas con la mente **racional**, como el **crítico** y el **escéptico**; es cauto para confiar en otros y se describe a sí mismo como **escéptico**. Muchos espartanos se muestran meticulosos y correctos.

El espartano también posee una parte muy **realista** y le gusta tener los pies bien puestos sobre la tierra. Al hablar, parte de evidencias y de hechos que sustentan lo que propone y lo que hace.

Otra voz con la que se identifica el espartano es la del **ahorrador**, cuidadoso en el manejo de las finanzas, tanto de las personales como las del negocio o la organización en que trabaje. Hay que prevenir para posibles tiempos de crisis, garantizar la seguridad del ingreso y crear un patrimonio que traiga tranquilidad, estabilidad, seguridad.

Para una parte del espartano es bien importante destacar, sacarse las calificaciones más altas para que el mundo vea y reconozca su mente brillante, sus ideas y propuestas, por lo cual combate la indiferencia e intenta ser lo más perfecto posible en el área de su especialidad. **"Soy útil, luego existo"**, podría ser una de sus máximas.

Hay una parte del espartano que muchos de otros estilos quisieran desarrollar y no saben cómo, mientras que a ellos les surge de manera espontánea, como si fuera casi parte de su ADN, la **disciplina**. Ya sea en la práctica de un deporte, en estudiar, planear un viaje, estructurar un proyecto o llevarlo a cabo, esta voz interna que llevan a flor de piel es el mejor aliado del que se sirven. Uno de sus lemas es: todo lo que se empieza debe terminarse. Y su disciplina lo lleva con facilidad a lograrlo.

Al espartano se lo reconoce por la excelencia con que realiza sus tareas. Y es que está identificado con una parte **perfeccionista** que no lo deja dormir si existe un solo error u omisión en lo que haga. Es riguroso, detallista, meticuloso.

Cuando la mente racional y la parte perfeccionista hacen equipo con la disciplina, el resultado es un espartano **especialista** en su tema preferido y que tiene también la **responsabilidad** casi como un atributo que le surge de forma natural. Y a menos que se tope con otro igual a él, difícilmente hallará opositores que estén a su altura para emprender un debate de ideas. Sabe que conoce su tema y que siempre tendrá razón cuando se discuta desde ahí. Al mismo tiempo tiene la prudencia de callar y no opinar sobre temas que no ha investigado o verificado científicamente o de los que no tiene mayor conocimiento.

En las organizaciones se lo encuentra en funciones de dirección, en finanzas, auditoría o de control de calidad. Es el tipo de jefe del cual sus colaboradores dicen: "Es frío, jamás dará retroalimentación o le escucharemos decir que lo hicimos bien, pues dice que para eso nos pagan". Sin embargo, tienen de él o de ella una opinión positiva, por ser predecible, recto y honesto.

El espartano comparte con el vikingo la voz del **exigente**, aunque con una intensidad distinta. Podríamos decir que en el vikingo surge desde el fuego la orden de "¡porque lo digo yo!", y en el espartano surge desde una energía más impersonal. "Primero la obligación, luego la diversión."

Pocas veces un espartano se permite descansar o divertirse, pues son cosas que considera pérdida de tiempo, si hay algo útil que pudiera estar haciendo. Rara vez se relaja sin sentirse culpable.

Para el espartano es vital el cumplimiento de las normas, los procedimientos y los acuerdos. Puede confiarse en que sabe las normas y que además de cumplirlas hará que los demás las cumplan. Es alguien identificado con ser **justo** y que promueve relaciones equitativas. En casos extremos puede manifestar rigidez, y a los otros estilos puede parecerle alguien inflexible. Eso no le preocupa, pues sabe que en el fondo siempre tiene razón. Su moral le prohíbe tolerar excepciones.

> *Este convencimiento de que la vida está regida por una infalible justicia le proporciona un sentimiento de dominio. Su propia perfección no es, pues, solamente un medio al servicio de su superioridad, sino que es también un modo de controlar la vida.*[26]

Caso: ¿y yo quién soy?

El director de una empresa, un suizo al que identifiqué como espartano, llevaba dos años a cargo de una empresa de seguros en México y hacía cada vez más juicios descalificadores de sus colaboradores mexicanos; se sentía impotente y alejado de su equipo. Además, en esos meses, desde distintas áreas de la organización le habían aplicado una serie de baterías o tests de:

- *inteligencia,*
- *personalidad DISC,*
- *proyectivos,*

---

26 Jung, Carl: *Tipos psicológicos*, vol. II. Edhasa, Barcelona, 1971.

- *perfiles de MBTI,*
- *perfiles de OPQ32,*
- *talentos,*
- *"Strengths finder",*
- *estilos de liderazgo,*
- *hemisferios cerebrales,*
- *inteligencia emocional,*
- *y además tuvo que pasar un par de días en las oficinas centrales en Suiza haciendo un Assessment Center para toma de decisiones.*

Lo sorprendente es que no había recibido ninguna retroalimentación. Y la incertidumbre lo mataba. Como espartano, necesitaba tener información, razones y procesamiento de la información para sentirse seguro.

—A final de cuentas ¿cómo soy? —se preguntaba—. ¿Mi estilo será bueno o malo para ellos? ¿Qué habrá resultado de tanta prueba? ¿Qué esperará la empresa de mí? Porque lo más preocupante es que no me dicen nada. Ni para bien ni para mal.

Me pidió ayuda para interpretar todas esas baterías. Como esa no es precisamente mi especialidad, y aprovechando para hacer una broma, le propuse, por el contrario, aplicarle mi propio test para poder facilitarle respuestas a sus preguntas. Nos reímos de buena gana, pero mi oferta era real. Le di mi Inventario de Estilos Guerreros®, con la ventaja de que de inmediato obtuvo los resultados y comprendió por fin lo que estaba sucediéndole con sus colaboradores mexicanos, y que era la razón por la cual estábamos iniciando el proceso de coaching.

Impresionado por sus hallazgos, tanto sobre la cultura guerrera en la que me basé para que él se viera reflejado en ella, como lo que aprendió al reconocer el estilo de sus colaboradores —del área de ventas y del estilo bereber que veremos más adelante—, el director me dijo algo que me dio la pauta para saber que estaba yo en el buen camino con este modelo:

—Ahora lo que debes hacer es ir a la casa matriz de mi empresa a venderles tu Inventario de Estilos Guerreros® para que dejen

de desperdiciar tantos miles de euros en pruebas, y que nos den algo como tu modelo que de inmediato podemos comprender y, sobre todo, poner en práctica.

Lo que el cliente necesitaba eran certezas, un mapa de ruta con el cual sentirse seguro, una forma de mirarse y mirar a los mexicanos que se acomodara a sus modelos mentales y, sobre todo, una estrategia específica con la cual poder relacionarse y obtener buenos resultados con ellos.

Voces interiores que habitan en el espartano

El perfeccionista

¿Cómo se reconoce la voz del perfeccionista interior?
Es fácil saber si el perfeccionista nos habita, pues para él nunca nada es suficientemente impecable e inmejorable, y por lo tanto juzga a los otros de descuidados, negligentes o faltos de compromiso. El perfeccionista nos lleva a mirar todo en blanco o negro, el bien o el mal. No conoce medias tintas.

¿Qué lo caracteriza?
Esta voz establece estándares internos y externos de excelencia. Tiene una lente para ampliar todos los detalles de la vida, sean personales o laborales, y no hay uno que le pase inadvertido o que le parezca pequeño. Por lo tanto, hace que el espartano tenga un especial refinamiento, visible desde cómo sirve un café hasta cómo diseña un producto nuevo. Busca la precisión y la impecabilidad personal y profesional.

El perfeccionista interno busca perpetuar el sistema moral y las jerarquías sobre las que se sustenta la autoridad. Llama a obedecer más a las normas o principios abstractos que a las personas concretas en el poder. Es también una voz que apela a las tradiciones. Este es un rasgo propio de la polaridad de búsqueda de seguridad y permanencia.

¿Cuál es su función?
La voz del perfeccionista está al servicio de la ira. Como nunca nada le es suficiente, es imposible que uno se sienta reconocido. Nos hace creer que solo valemos por lo que hacemos, que debemos hacer todo bien a la primera, y su intención es que nunca cometamos errores. El perfeccionista protege de sentirnos vulnerables, abatidos, necesitados de afecto y cercanía.

¿Cómo puede limitarte?
De muchas formas. Genera la ilusión de que nuestros estándares son exigentes, pero no se da cuenta de que están fuera de la realidad, al grado que nos impidan terminar tareas o proyectos por ser imposibles de lograr. Cuando esta voz se encuentra "desatada" puede hacer que uno no duerma, que caiga enfermo por no descansar y que tenga conflictos con la gente a su alrededor, pues hagan lo que hagan siempre tendrán algún defecto que marcarles en la cara: el arreglo, la ropa, la forma en que hablan o en lo que hacen. Generaremos frustración a nuestro alrededor y no nos daremos cuenta de cómo dentro de nosotros mismos vivimos en constante insatisfacción. El perfeccionista puede causarnos infelicidad al susurrarnos al oído que eso a lo que llaman felicidad es una ilusión de ingenuos y un estado propio de los mediocres.

Historia. "El Calidoso"[27]

El nombre "Calidoso" describe al gerente de calidad con aires de superioridad que descalifica a todos y a todo, detiene las líneas de producción con su poder increíble y su varita mágica, y nadie lo soporta en la organización. Así llamaban a Santiago en la empresa. Lo de "Calidoso" se convirtió en una especie de título nobiliario que

---

[27] Calidoso: expresión utilizada en algunos sectores productivos en México para señalar a la gente del área de calidad muy identificada con el perfeccionista.

se le fue poniendo a muchos de su especie en las demás plantas de producción del grupo.

Santiago llegó al proceso de coaching con todo el escepticismo propio de su perfeccionista interno. ¿Yo? ¿Para qué, si soy perfecto? Se resistió las primeras dos sesiones, convirtiéndolas en algo así como interrogatorios para "calibrar" si me daría o no la autoridad para confiar.

La evaluación 360 decía lo opuesto a lo que él describía de sí mismo y fue lo que logró hacerlo dudar un poquito de sus certezas contundentes, absolutas e incuestionables. En la retroalimentación se decía que él parecía más encargado de detener los procesos que de facilitar las cosas cuando analizaba las piezas y los lotes de producción. Su jefe lo llamaba "Mr. No". A todo decía que no. Nada aprobaba, nada era suficientemente bueno. Más parecía un adolescente emberrinchado que un profesional deseando y contribuyendo –a través de las inspecciones de calidad–, a que los productos llegaran al cliente a tiempo y con la calidad requerida.

"Yo tengo la razón." "Lo sé mejor que tú." "Yo detengo toda la producción cuando me dé la gana." "Tú no sabes, yo sí sé." Eran pensamientos tan instalados en su mente que eran la guía automática de todo lo que hacía. Al identificar y hablar con el perfeccionista que se había apoderado de él desde la secundaria, Santiago se dio cuenta de cómo a través de esta forma de relacionarse con el mundo, trabajaba dentro de un equipo en una organización, pero parecía que le interesaba más ganar su propio subjuego, a costa de que el juego grande, el de la organización, se perdiera.

No le fue nada fácil separarse de ese perfeccionista con el que llevaba tantos años identificado. Pero poco a poco fue dando paso a otras voces y a otras formas de relacionarse. Claro, teniendo siempre en el hombro esa vocecita que le repetía "tú y yo sabemos que eres mejor, pero ahora quédate callado y permite que los demás también se expresen"…

Otra historia perfecta: antes muerta que mediocre

Marina es porteña y para muchos representa la mujer perfecta. En primer lugar es muy guapa, arreglada, tiene buen cuerpo y hace ejercicio de forma constante, juega tenis y come saludable. Tiene una bellísima casa en las afueras de Buenos Aires que bien podría salir fotografiada en revistas de decoración. El detalle, el cuidado, el mantenimiento, las flores. No hay rincón olvidado ni objeto que no se encuentre siempre en su perfecto sitio. Además cocina como una diosa, estudió alta costura en París, tiene una cultura envidiable, escribe historias cortas y parece que no hay área de la vida en que algo no le salga perfecto.

Marina está en todo. Tiene un marido que es un ejecutivo exitoso y dos hijos bellos, guapos como ella. Son como sus trofeos. Nunca hay problemas con ellos, como si la vida y los conflictos sucedieran en otro plano de la realidad distinto de ese en el que ella se mueve.

Tiene una tienda de ropa de cuero hecha a medida, con la cual lleva más de veinte años y es sumamente exitosa. Sus clientas son mexicanas, peruanas y sobre todo norteamericanas que cada vez que van a Buenos Aires vuelven por los modelos, la calidad, la perfección en las prendas y en la atención.

Lo que no soporta es a la gente mediocre que deja las cosas a medias o que no muestra excelencia en lo que hace. Es muy estricta con el personal que trabaja con ella y solo gente perfeccionista como ella es la que ha logrado sentirse cómoda trabajando ahí. Marina siempre habla de lo que debe hacerse, de lo que se necesita arreglar, de lo que alguien tiene pendiente y es experta en arreglarle la vida a todos. Está encima de sus hijos, quienes no pueden darse el lujo de ir mal en la escuela o ser indisciplinados si es que quieren ser dignos hijos suyos. Necesita hijos y marido perfectos igual que ella y no descansa un minuto ni les permite relajarse porque siempre hay algo útil que podrían estar haciendo, así como alguna forma de ejercitar el cuerpo y la mente para desarrollarse como ciudadanos y profesionales que sobresalgan de tanta medianía y conformismo. También le resuelve la vida a las casi veinte empleadas que tiene, pues siempre sabe mejor que ellas lo que es bueno y la manera de enfrentar sus problemas.

El único que no está nada satisfecho con tanta perfección es su marido, que se ha cansado hace tiempo de esa necedad de su mujer de solo una vez a la semana a la misma hora y de la misma forma, y hace años encontró una amante con la cual cumple sus fantasías.

Pero de esto, Marina no se da cuenta –¡ni se lo vayas tú a decir! Para ella todo está perfecto. Cada día se ocupa de más y más cosas, porque si se sienta más de un minuto y empieza a relajar el cuerpo le invade una especie de melancolía, y mejor se levanta y sigue arreglando, ordenando, dando indicaciones...

El crítico

¿Cómo se reconoce la voz del crítico interior?

El crítico interno es el mejor aliado del perfeccionista. A veces cuesta distinguirlos. Cuando se juzga a los demás de inconscientes, mediocres, ridículos, vanidosos o cualquier adjetivo "descalificativo" que lo coloque en superioridad, está demostrando la presencia del crítico. Y se lo reconoce por su frase típica: "Deberías ...".

¿Qué lo caracteriza?

El crítico interno, como cómplice del perfeccionista, no solo se manifiesta culpando a los otros, sino en crear un ambiente que propicie un sentimiento de culpa. La crítica es como una ira intelectual más o menos inconsciente, pues se oculta bajo el mensaje de la voz que quiere "mejorar a los demás" o a sí mismo.

El crítico interno es muy eficaz en reprochar, desaprobar y manipular al servicio de una exigencia en la cual el deseo o el "yo quiero" se transforma en "tú deberías". Así, la acusación conlleva la esperanza de que el otro se comporte conforme a los propios deseos. Una buena forma de descubrirlo en nosotros mismos es escuchar todo lo que nos decimos que "deberíamos hacer" y no estamos haciendo.

Esta voz evalúa todos los aspectos de la vida interior. Tiende a activarse en temas relacionados con el cuerpo y la salud en general, con el dinero, la carrera y las relaciones. El crítico es enfático cuando refuerza las normas que aprendimos en la infancia, sean las familiares, escolares o de la Iglesia. Le interesa mucho que uno se adapte al mundo. Y en la misma proporción en que nos critica por lo que hacemos o dejamos de hacer, lo hace también con los demás.

¿Cuál es su función?
Es esa voz que termina diciéndonos "es por tu bien", para que hagamos lo que el crítico cree que es correcto según las normas a las que se apega. Su función es precisamente que seamos personas adaptadas a la sociedad, que operemos bajo las normas conservadoras que nos pueden llevar a ser reconocidos, aceptados y valorados por los demás. La voz del crítico es como la voz del "qué dirán", la que representa eso que "los otros" pueden juzgar de nosotros y que nos causaría un malestar o ser rechazados si no le obedecemos. Es una voz tan dura como la educación que recibimos y nos quiere proteger de la humillación o la marginación. Nos quiere adaptados a las convenciones sociales.

¿Cómo puede limitarte?
Si el crítico se apodera de la persona de forma excesiva tendrá esa voz en su diálogo interno que lo culpe de todas los rasgos defectuosos, inapropiados o inadecuados que posee. Si se mira al espejo, si hace un trabajo, si quiere iniciar una relación, si va a comprar algo, no importa qué, siempre habrá algo criticable al respecto. El crítico en total descontrol puede conducir a la parálisis, pues puede hacer sentir que uno debe pagar por el solo hecho de existir. Es tanto lo que deberíamos hacer y no hacer que podemos acabar extenuados sin siquiera haber comenzado con el primer punto.

Historia. Critica y vencerás

—¡Esto no sirve para nada, lo vuelves a hacer!
—La cantidad de faltas de ortografía de esto es como la que

tendría un niño de primaria, ¿qué no pasaste por la universidad? Imposible entregar esto.
 —No me interesa la vida personal ni las razones por las cuales no llegaste a trabajar. No hay justificación para el incumplimiento.
 —En tu contrato de trabajo firmaste el compromiso de realizar estas tareas. Tu deber es cumplirlas perfectamente, no a medias.
 —Aquí son inaceptables las mediocridades. ¿Por qué te conformas con un 8 si puedes tener un 10?
 —¿Viste ese grano que te salió en la cara?, ¿estás comiendo demasiado chocolate?
 —Y ese color de camisa que no te queda bien, ¿a qué se debe? Deberías preguntarme antes de elegir cosas que te quedan mal.
 —¿No tendrías que estar trabajando en lugar de estar metido en Facebook?
 —Deberías aprender a organizarte mejor para ser más eficiente en tu trabajo
 ¿Quieres continuar con la lista?

El responsable

¿Cómo se reconoce la voz del responsable interior?
Si uno se escucha criticando a otros de irresponsables, incumplidores, poco comprometidos o poco confiables, con seguridad es la voz del responsable quien está hablando.

¿Qué lo caracteriza?
El responsable que muchos llevan dentro tiene una gran necesidad de cumplir con todo y con todos, y mostrar al mundo que es confiable, capaz y que todo lo que se le asigne lo hace y lo hace muy bien. Hace que la persona a menudo cargue con las responsabilidades de otros, pues no puede tolerar el incumplimiento y que con ello quede su imagen manchada. Cuando el responsable es una voz dominante, a menudo se dedicará tanta energía en cumplir con las obligaciones que no habrá oportunidad de descansar.

Quienes nos rodean saben que nuestro responsable es capaz de manejar cualquier tema importante o urgente.

¿Cuál es su función?
Esta voz existe para garantizar que antes que nada cumplamos con el deber. Su intención es que mostremos que podemos hacernos cargo y que asumamos aquello que hay que cumplir. El responsable nos evita que jamás seamos tachados de flojos. Es una voz concentrada en el afuera, en lo que "los demás" dirán o esperan de nosotros. Cumple una función importante para adaptarnos a un mundo exigente y demandante.

¿Cómo puede limitarte?
Si lo tenemos como una voz dominante, entonces nos la pasaremos sobrecargados con tareas y no nos daremos la oportunidad de soltarnos, de gozar o disfrutar el momento. Pensaremos que somos los únicos que pueden y deben hacer todo con la calidad que esperamos. Creeremos que no está permitida otra cosa que no sea cumplir con el deber. Viviremos exhaustos y no cuidaremos nuestra salud.

Historia. Intento fallido

Pierre llegó al Chad enviado por el organismo internacional en que trabaja, para dirigir el área de adquisiciones para los campamentos de más de 300.000 refugiados del vecino país de Sudán del Sur. Era la primera vez que lo enviaban fuera de Ginebra y a pesar de toda la resistencia que opuso, la alternativa era aceptar o quedar congelado de por vida.

Lleva ya un año en el puesto y todo le parece horrible en ese país. Sufre el desorden, el polvo, las aglomeraciones, las calles sin pavimento y llenas de zanjas. Pidió un país de habla francesa para no tener problema de lenguaje, pero ahora descubre que el idioma oficial dista mucho de ser un vehículo para comprender la realidad en que está. Lo que más sufre es la irresponsabilidad del personal que tiene a su cargo, que tarda demasiado en moverse para hacer más eficientes las adquisiciones, a costa de dejar al personal en áreas remotas sin cosas elementales para su vida y su trabajo. Recibe constantes quejas de las distintas regiones del país y por más que se quiebra la cabeza en su intento de apoyar, todo tarda tiempos infinitos en resolverse. Hace unos días fue a su oficina el director de uno de los campamentos en persona para quejarse y pedir una solución inmediata, pues lleva seis meses sin que les puedan proveer de un tanque de gas para calentar agua o preparar alimentos. Impensable. Injusto. Y él ahí sentado en la capital de ese país raro, de gente incomprensible, sin saber cómo movilizar a su equipo para que se hagan responsables.

Pierre se la pasa en un permanente estado de estrés. Duerme poco y mal, entre el calor, los mosquitos y las muchas voces que lo martillan en la cabeza. Se queja continuamente de los africanos, pero también de los demás miembros internacionales de su staff, que parece que ya se han contagiado por el virus de la irresponsabilidad y la falta de compromiso. Dice que la irresponsabilidad está en el ADN *de la población del Chad.*

Pierre sabe que es una asignación temporal y que es un trampolín para subir a mejores niveles en la jerarquía. Pero sus resultados serán la carta de presentación que se lo permita. Y él no puede darse el lujo de ser juzgado como incompetente o irresponsable. Eso jamás.

Cada día está más distanciado de la gente. Se encierra en su oficina aunque el calor sea insoportable y las gotas de sudor caigan sobre su escritorio. Él quiere demostrarles lo que es ser realmente responsable y comprometido. Y mientras más intenta, menos lo logra. Depende irremediablemente de una cadena de gente para dar sus resultados, y mientras los siga juzgando como irresponsables difícilmente lo va a lograr.

El justo

¿Cómo se reconoce la voz del justo interior?

Cada vez que uno se encuentre criticando a los hipócritas,

faltos de valores. O si traemos la justicia y la injusticia a flor de piel, y a menudo nos encontramos enojados porque alguien faltó a la justicia. "Esto es injusto", "es que es un injusto", son expresiones que si se usan constantemente es que la persona se identifica con esa parte justa.

¿Qué lo caracteriza?
El ser justo que habita en el espartano se sostiene por valores y principios a los que honra. Asimismo, sigue las reglas y normas de las instituciones y la sociedad, en especial aquellas que son el eco de los valores de justicia y equidad. El justo siempre está detectando posibles injusticias y causas que defender. Es una voz poderosa que se adjudica la autoridad cuando se manifiesta.

La voz del justo puede también surgir de la envidia y la comparación constante con otros. "¿Por qué tú sí y yo no?" Estas preguntas motivan la búsqueda de justicia y la equidad para compensar ese malestar que causa la desventaja frente a los otros. "¿Por qué me toca a mí hacer esto y no al otro?" "A mí siempre me hacen trabajar más en comparación con lo que hacen los otros… yo tengo más carga de trabajo que ellos… ¡no es justo!"

¿Cuál es su función?
Ayudar a que la persona se adapte a la vida en familia, en comunidad y en la sociedad. Su intención esencial es promover en nuestro interior la unidad y equidad, y que encontremos el equilibrio entre lo que debemos hacer y lo que le corresponde a los demás. Es también una voz que proviene de nuestra necesidad de reciprocidad.

¿Cómo puede limitar?
Si uno se somete a su dictamen y sigue de forma rígida los principios y prácticas de las normas que asocia con su sentido de justicia y equidad encontrará constantemente

situaciones, circunstancias y personas que le recordarán que está haciendo "tanta" justicia como correspondería con su modelo y se hará a sí mismo y a los otros la vida infeliz.

Otra forma de hacernos daño será si por escuchar demasiado a nuestra justicia interna limitamos la toma de decisiones a lo que nuestra voz dictamine que es justo para todos, aunque a menudo sea injusto con nosotros.

Historia. Ser o no ser

Kevin es tico y trabaja en Brasil para una gran empresa del ramo de alimentos. Tiene un alto puesto para Latinoamérica en el área de Controlling.

Ha vivido muchas injusticias en su vida, por lo que siempre tiene bien claro que él quiere ser equitativo y justo en sus relaciones. Su sentido de justicia lo hace, por ejemplo, ser siempre el que asume el papel de hacer cuentas cuando salen en grupo con los colegas, para que no haya ningún avispado que quiera consumir más a costa de los demás.

Es mesurado en todo lo que dice y hace. Evita hablar mucho para que su palabra nunca sea motivo de discusión. Pero para los líderes de la organización, Kevin es demasiado cerrado y lo envían a un proceso de coaching, para lo cual le aplican una evaluación 360 primero.

El resultado lo deja helado. Los comentarios finales de mucha gente van en la línea de "es injusto", "tiene favoritos", "se cree superior", "tiene muy mal distribuidas las cargas de trabajo y algunos hacemos el doble que otros"...

Kevin tuvo entonces la oportunidad de conversar con esa voz del justo que lleva dentro para descubrir cómo, al exagerar su enfoque en ser justo, inconscientemente comete injusticias hacia él mismo y hacia los demás.

El competidor

¿Cómo se reconoce la voz del competidor interior?

El competidor espartano se hace visible cuando –interna o externamente– juzga a los otros de tontos, poco asertivos o del "club de los optimistas". Si la postura que adoptamos es "yo lo haré mejor", "yo lo sé mejor", "yo sí sé y tú no", entonces puede ser que estemos moviéndonos en el territorio del competidor que nos habita.

¿Qué lo caracteriza?

Esta voz no soporta escuchar los logros de los demás y actúa como impulsado por poner los propios por delante. Es el filtro adquirido de las reglas de la familia, la escuela, el medio social o religioso, y por lo tanto que cuida de la imagen que damos al mundo. El competidor interno mantiene sus convicciones con una claridad pasmosa. Está comprometido en reforzar que uno es mejor que los otros, sobre todo a través de juzgar el comportamiento de quienes considera competidores. Y es esta voz la que interrumpe las conversaciones para amplificar lo propio cuando alguien relata algo de sí mismo: "¿Hiciste una maestría? Yo la hice en Harvard…" "¿Fuiste a la playa? Yo estuve en Tahití…"

¿Cuál es su función?

Refuerza la comparación con los demás y nos incita a mostrar que somos más, valemos más y logramos más que los otros. Interiormente, cuando estamos solos, es la voz que nos impulsa a buscar el más complejo de los proyectos o retos, con tal de poder demostrar a los competidores que, en realidad, son perdedores.

En el fondo, la razón de que exista dentro de nosotros es ayudarnos a cubrir la necesidad de pertenencia y reconocimiento, tal vez porque sea una voz que quiere acallar a otra que más bien duda de cuánto valemos.

¿Cómo puede limitarte?
Si esta voz predomina en nuestra vida puede llevarnos a alejar a las personas de nosotros, por resultarles pesado sentirse descalificados constantemente. Si evaluamos el mundo desde la estrechez del competidor, nos encontraremos en un juego interno de ganadores y perdedores que invariablemente nos conducirá a sentirnos derrotados en el juego más importante de todos: el sentirnos aceptados y valorados por nosotros mismos y por lo que somos, no por los logros conseguidos en comparación con los de los otros.

Historia. Ganar o morir

Gloria es una académica colombiana con larga trayectoria en su área de investigación. Tiene muchas publicaciones y goza de reconocimiento nacional e internacional. Continuamente es invitada a congresos y foros. En una universidad privada de su mismo país, trabaja la doctora Morales, quien está identificada con la voz de la competidora y Gloria es su contrincante a vencer.

Morales investiga temas similares a los de Gloria, y la mitad de su tiempo lo ocupa leyendo a Gloria y viendo la manera de acercarse a ella. Se hizo su amiga en Facebook y Linkedin, y todo lo que Gloria comparte la doctora Morales lo responde de inmediato, siempre comparando. Siempre queriendo destacar lo suyo. A Gloria le parece insoportable.

Por ejemplo, un día Gloria subió al Facebook unas fotos de un foro internacional al que fue en Chile. La doctora Morales respondió que Gloria debía de haber participado en el foro en España al que ella fue, mucho más reconocido a nivel internacional...

La doctora Morales le pide a Gloria que la invite a un nuevo programa de posgrado como catedrática. Gloria ya tiene su plantilla de profesores, así que la doctora organiza un programa similar en su institución para mostrarle a Gloria que ella también lo puede hacer.

En otra ocasión, le escribe para pedirle los contactos en su casa editorial, pues quiere hacer una publicación en esa editora mexica-

na y Gloria de nuevo se resiste y no lo hace. Así que la doctora va a buscar otra editorial aún más reconocida que la mexicana para demostrarle a Gloria que lo suyo puede valer mucho más. Competir y ganarle es el nombre del juego que la ha llevado a obsesionarse, sin darse cuenta de cuántas más cosas está perdiendo por jugar ese juego.

El racional

¿Cómo se reconoce la voz del racional interior?
El racional que habita en el espartano siempre encuentra una teoría detrás de las cosas que le pasan. Busca la estadística que lo sustente y el modelo a partir del cual se pueda crear o proyectar. Pero sobre todo se descubre la voz racional por la manera en que juzga a los que considera ignorantes, simplones, estúpidos o cortos de pensamiento. Otra forma de reconocer esta voz es cuando tenemos problemas para bajar el volumen al río de pensamientos que no nos dejan descansar ni de día ni de noche.

¿Qué lo caracteriza?
El racional tiene una capacidad mental excepcional. Quiere comprender, analizar e interpretar cualquier cosa. Es una parte de la persona que contempla la naturaleza humana de una forma lo más objetiva posible. Otra manera de reconocer a esta voz es su tendencia a pensar los sentimientos y a tratar de entender su origen, más que a sentirlos. Puede dar cátedra sobre la inteligencia emocional, aun cuando le haga falta la experiencia emocional para que ese conocimiento sea *sentido*. Es decir, la voz racional percibe e interpreta la vida a través del filtro de la mente racional.

¿Cuál es su función?
Encontrar respuestas, indagar e investigar todo el mundo

que nos rodea para protegernos del mayor de nuestros miedos: sentir y entregarnos a la experiencia. La mente racional nos hace salir de la intensidad emocional de un momento para convertirnos metafóricamente en el "fotógrafo" que se oculta detrás de la cámara y mira sin comprometerse en cuerpo y alma. Nos protege desde su increíble racionalidad.

¿Cómo puede limitarte?
Lleva a distanciarnos de la experiencia vital. Hace que uno se centre por completo en la cabeza, casi como si estuviera separada del cuerpo. La voz racional ignora que existe gracias al cuerpo que habita, y lo trata como una máquina que funciona gracias a su actividad.

Historia. Allá en un lugar lejano…

—¿Cómo te sientes? —le pregunta la esposa.
—Pienso que estoy bien.
—No te pregunto cómo piensas sino qué sientes.
—No te entiendo. Teóricamente, si me encuentro sentado aquí tranquilamente, supongo que he de estar bien, pero lo dejaré de hacer si sigues insistiendo en preguntarme cómo me siento. Sabes que yo no sirvo para eso de sensiblerías.
—¿Y te interesa saber cómo me siento yo?
—¿Para qué me puede ser útil saber cómo te sientes?
—Bueno, pues porque soy tu esposa y es importante compartir lo que sentimos.
—Si así lo dices. Dime qué quieres.
—Con ese tono ya se me quitaron las ganas de hablar.
—¿Ves? Lo que pasa es que no tienes un pensamiento racional que te haga hablar y quieres hablar por hablar y acosarme con tus preguntas que no llevan a nada.
—No quiero acosarte sino dialogar.
—Si quieres dialogar dime qué tema quieres hablar, para qué lo quieres hablar y cómo puedo ayudarte a resolverlo.

—No se trata de eso...
—¿Entonces de qué? En verdad que no te entiendo. Eres irracional. ¿Sabes que la especie humana se distingue de los animales justo por la mente racional y no por lo que nos hace más animales? ¿Cuándo irás a evolucionar?

El escéptico

¿Cómo se reconoce la voz del escéptico interior?
El escéptico tiene una frase clave: "Desconfía y acertarás". Cuando esta voz predomina en nosotros con seguridad adoptaremos esa postura de observador que no se la cree y juzga a otros de absurdos, incultos, desinformados o ingenuos. El escéptico nos lleva rápidamente a rechazar nuevas ideas y oportunidades porque nos hace dudar de todo y de todos. Claro, menos de nosotros mismos y de la verdad que defendemos.

¿Qué lo caracteriza?
Es esa vocecita que nos mueve a desafiar la validez de cualquier idea o modelo, no cree en los puntos de vista de otros y los evalúa a partir de su visión del mundo. El escéptico valora el pensamiento independiente y trata de evitar la ignorancia y la ingenuidad. Siempre busca debajo de la superficie y no acepta nada que carezca de valor.

¿Cuál es su función?
Asegurar que no nos conformemos con las versiones oficiales de las cosas. Su intención es honrar la autonomía de pensamiento. Cuestiona las versiones que le parecen superficiales y nos protege del peor de nuestros miedos: la ingenuidad. El escéptico hará todo lo que pueda, en especial si es una voz primaria, para evitar que caigamos en un juego de engaños o en soluciones simplistas que, por ende, nos conduzcan al fracaso.

¿Cómo puede limitarte?
Si jugamos el rol de abogado del diablo en casi cualquier conversación, los demás nos describirán como personas negativas o pesimistas que siempre buscan el punto negro en la hoja blanca, y con seguridad terminaremos solos y excluidos de los grupos. Aun cuando tratemos de no sentir, el dolor está ahí. Habremos sido víctimas de nuestro propio juego: dudar de nosotros mismos y de nuestras propias motivaciones.

Historia. Resisto, luego existo

José Miguel es doctor en metrología, cuenta con docenas de publicaciones y ha desarrollado más de diez patentes. Es una eminencia reconocida a nivel internacional. Viaja constantemente por todo el continente a impartir cursos y es un hombre muy dedicado a su profesión. Trabaja en un centro de investigación al que hace un año llegó un nuevo director que abraza esas nuevas modas del liderazgo, el trabajo en equipo y el cambio de estructuras y formas de trabajo. José Miguel no le concede autoridad a cualquiera y no cree que tenga una el nuevo director. En primer lugar, es demasiado joven; en segundo lugar, no tiene idea de lo que necesitan los investigadores expertos como él; y en tercero, es de esas personas con perfil de político que le hace conectar con esa voz escéptica sobre su sinceridad, sus intenciones y sobre todo su solidez profesional.

Ahora lo están obligando a tomar un programa de habilidades gerenciales junto con sus colegas y va literalmente arrastrado, enojado, resistiéndose. Solo espera que no sea de esos cursitos en los que los ponen a hacer jueguitos inútiles que no le aportan nada. Pero tiene la sospecha.

No lo puede evitar. El instructor le parece horrible. Un joven que no tendrá más de 35 años. ¿Qué puede saber sobre liderazgo? ¿De dónde lo sacaron? ¿Por qué lo empieza a tutear como si fueran conocidos? Observa cada movimiento y mientras más lo observa, menos le gusta. Se dedica a hacerle preguntas inquisidoras. Sus compañeros, que opinan igual que él, le siguen el juego. José Miguel se lanza inquisidor: "siento mucho discrepar y estar escéptico con lo que dices, pues al hacerte preguntas no me das un sustento con el que logres convencerme…"

En el primer receso, se levanta de su asiento y sale. Regresa a su oficina. Está indignado de la ofensa que implica que esperen que él pueda aprender algo de semejante muchacho improvisado.

El controlador

¿Cómo se reconoce la voz del controlador interior?
El controlador es esa voz que juzga o culpa a los demás de libertinos, mentirosos o poco confiables. Sobre todo cuando hacen cosas antes de que se enterara o diera su aprobación. Se reconoce también por la forma en que castiga a quien ejerció su libertad y tomó decisiones sin consultarlo.

¿Qué lo caracteriza?
Esta voz necesita tener una vida predecible, con hábitos claros y además tener las riendas de lo que pasa a su alrededor. El controlador está siempre atento a todo lo que sucede y lo que hacen los demás, necesita saber y saber todo de todos, todo el tiempo. Quisiera ser omnipresente para poder decir a cada cual qué debe hacer y cómo hacerlo para que esté como lo quiere. Es una de las voces que más se alegró con la llegada de los *smartphones*, pues ahora sí no hay pretexto y puede enterarse hasta de cuándo va al baño la gente bajo su control. Es posible que se sienta con la obligación de vigilar los pasos de los demás para garantizar que cumplan con su deber, pues en el fondo desconfía de que sean capaces, tengan criterio o puedan vivir sin que él sea la figura indispensable de sus vidas. Internamente quiere que uno mismo lleve una vida ordenada, disciplinada, en la que no haya una sola área que se vaya de sus manos.

¿Cuál es su función?

El motor que está detrás del control es garantizar nuestra seguridad, la permanencia de la vida que llevamos, la estabilidad en relaciones y hábitos. Quiere que uno se sienta seguro para protegerlo del miedo al desamparo que implica que las cosas cambien y que se pierda algo muy valioso en tu vida. El control da la ilusión de que las cosas y la vida son para siempre y que así como nos encontramos ahora estaremos eternamente. Eso nos hace sentir tranquilos y confiados.

¿Cómo puede limitarte?

Si el controlador interno está al mando, podemos convertirnos en capataz de los demás y no dejarles margen de libertad para actuar. Esta voz también puede hacer daño, pues igual que controlamos al mundo de fuera, lo hacemos con el interno. Nos llevará a tener una agenda repleta de obligaciones y a manifestar rigidez y poca adaptabilidad al cambio o a asuntos espontáneos. En las áreas de la vida que implican un "dejar ir" o un "soltar" el control, como las relaciones amorosas, podemos recibir el revés de crear descontrol de sentir o de sencillamente fluir con el cuerpo, justo por querer controlar hasta funciones biológicas como si nuestro cuerpo fuera una máquina.

Historia. El jefe se va de viaje

Para gomez.francisco@kyet.com
Cc kühlschrank.ludwig@kyet.com
De kühlschrank.ludwig@kyet.com

Asunto AUSENCIA. INDICACIONES

Francisco:
Te informo que estaré de viaje durante dos semanas y tú te quedas encargado de la oficina. Te quedas responsable de lo siguiente:

1. Cumplir con las fechas tope de entrega de reportes a la dirección.
2. Conducir las reuniones del equipo y después enviarme por correo la minuta, el resultado, los compromisos y acciones cerradas en cada una.
3. Mantenerme en copia en todos los correos y saber que yo estaré disponible el 24/7 para atender cualquier asunto y tomar cualquier decisión que se requiera.
4. Preparar un handover detallado de todo lo concluido y todo lo pendiente para mi regreso.
5. Dar continuidad a los asuntos pendientes que te compartí en el handover el día de ayer.
6. Garantizar el cumplimiento de las normas y procedimientos de la organización para cualquier asunto. Basarte siempre en evidencias y hechos para resolver cualquier cuestión, como lo has aprendido de mí.
7. Por whatsapp envíame informes tres veces al día de lo ocurrido en la oficina.

Saludos, Ludwig

El disciplinado / ordenado

¿Cómo se reconoce la voz del disciplinado/ordenado interior?
Por la forma de irritarse y de juzgar la falta de planificación, el desorden, la desorganización o la falta de claridad en los roles. Cuando los blancos de ataque son quienes no cuidan los detalles o los poco rigurosos, a los que "les importa un bledo" el resultado. El disciplinado garantiza que el mundo esté planificado y sistematizado, ya sea en el trabajo o en la vida personal. Esta voz domina si uno se da cuenta de que la ropa está guardada siempre de la misma forma, los artículos de escritorio están siempre en su lugar y si dentro de

nuestra definición de cómo somos decimos "soy ordenado" y sobre todo si tenemos la disciplina que acompaña al orden.

¿Qué lo caracteriza?
La voz del disciplinado interno planifica, define y maneja nuestra vida. Crea o adopta métodos y sistemas para encontrar todo rápidamente. A menudo usa lo último que hay en tecnología y recursos para poner en marcha todos nuestros proyectos y traer orden a nuestra vida. Solo se queda satisfecho cuando todo está funcionando correctamente. Si vamos a ir de vacaciones tiene que estar cada paso planificado un tiempo antes de partir. Es muy previsor. Nos lleva a ir paso a paso en la consecución de nuestras metas y sabe el lugar en que guardamos cada cosa, cada objeto, cada persona, cada recuerdo. Y además, conoce los tiempos requeridos para realizar cada una de nuestras actividades cotidianas.

¿Cuál es su función?
El disciplinado busca hacerle más fácil la vida al espartano mediante hábitos que ordenen el posible caos existencial. Y también quiere protegerlo del miedo a perder algo y con ese algo que pierda, que se pierda a sí mismo. El orden es muy buen amigo del controlador. Al ordenado interno le causa casi un ataque ver que las cosas no están en su sitio porque "no debe ser" y muestra falta de disciplina. Es una voz que teme el caos, que es lo peor que podría pasarle: quedar aniquilado por hundirse en una espiral de desorden sin salida.

¿Cómo puede limitarte?
Si la disciplina y el orden se vuelven obsesión, esta voz nos traerá varios problemas. Esto ocurre cuando buscamos el orden por el orden mismo. Cuando se vuelve rígido y le enoja cualquier pequeño papel fuera de "su lugar". Si llegamos a extremos, podremos sufrir aquello que temías, ya

que el caos se habrá metido por completo en nuestra mente y estaremos siendo víctima de eso que queríamos evitar: el desorden, pero el mental.

Historia. El potencial de Rodolfo

Rodolfo es ingeniero especialista en sistemas de calidad. Lleva 17 años trabajando en la misma organización, en el mismo puesto, en el mismo escritorio, haciendo lo mismo. Todas las mañanas suena el despertador a las 5:45. Lo apaga. Se estira y se pone las pantuflas que están desde la noche puestas exactamente en la posición en la que los pies entrarán directo por la mañana. Se rasura, se baña, se viste con la ropa que dejó acomodada en la silla desde la noche anterior, se peina, baja la escalera. Cuando llega al comedor, la esposa ya le tiene hecho su huevo de desayuno. Siempre el mismo, siempre con una rebanada de pan tostado, un café y media cucharadita de azúcar. Cuando está listo, toma su coche, abre el portón, lo saca, cierra el portón, enciende la radio en la misma estación que emite el mismo noticiero y toma el mismo camino al trabajo.

Llega todos los días cinco minutos antes de la hora de entrada, se quita cuidadosamente la chaqueta, la coloca bien estirada en el perchero, se sacude el pantalón, abre su maletín, saca su laptop, la limpia con el trapo hasta que quede brillante, se sienta. Toma dos segundos. Abre su gran agenda de papel con cubierta de cuero, revisa los pendientes del día, limpia los anteojos, enciende la laptop, mira el reloj. Espera que la computadora arranque. Mira la pantalla. Abre luego el correo, 30 minutos para revisar el correo de la mañana. A los 30 minutos, cierra el programa. Siguiente pendiente, siguiente...

El día de hoy es diferente. El director general le pidió que fuera a su oficina a las 10 de la mañana. No sabe lo que quiere y Rodolfo está muy nervioso. No le dijo nada a su esposa para no preocuparla, ¿qué pasa si lo fueran a despedir? El director es un estadounidense muy amable y respetuoso. Es la primera vez que hablará a solas con él. No sabe qué hizo mal, si debe preparar algo para la reunión. Se toma cuatro minutos para llegar, no vaya a ser que se le haga tarde para una cita tan importante, a pesar de que la oficina del director está a escasos diez metros de distancia.

—Mira, Rodolfo, te mandé llamar porque desde que llegué hace ya casi dos años a esta planta, te veo siempre sentado ahí en tu escritorio trabajando solitario y me he estado preguntando cómo podría apoyarte para que te desarrolles, hagas cosas nuevas y distintas, te involucres en proyectos con otros colegas y trabajes más en equipo como el resto de la gente, así que contraté un coach para que te acompañe a desarrollar tu potencial y tu creatividad, además de que espero que de ese proceso puedas tú venir con propuestas de cómo quieres involucrarte más en trabajo en equipo y contribuir más a la empresa...

Rodolfo casi quiso morir. Como si le estuvieran diciendo que lo enviaban a fusilar. ¿Potencial? ¿De qué? ¿Acaso no cumple puntualmente con todo lo que le toca hacer? ¿Qué más pueden pedirle? ¿Trabajo en equipo? ¡Si el mejor equipo es el de un solo miembro, él!, ¿cuál será el motivo oculto del director? ¿Será una primera llamada antes de despedirlo porque se ha vuelto un estorbo en la organización?

Esa noche Rodolfo no duerme. Apaga el despertador antes de que suene. Olvida ponerse las pantuflas para ir al baño. Su vida se ha vuelto un desastre. Nada será igual a partir de ahora.

El ahorrador

¿Cómo se reconoce la voz del ahorrador interior?
Si el ahorrador es una voz primaria que nos habita, con seguridad criticaremos a otros de despilfarradores, poco previsores o desinteresados. Es posible que seamos coleccionistas de algo que nos apasione y que las cosas que nos importan las guardemos bajo llave. Sobre todo las que creamos que son "objeto de deseo" de la gente que vive con nosotros. Todo lo guardamos, no tiramos nada porque alguna vez puede servir para algo.

¿Qué lo caracteriza?

El ahorrador que llevamos dentro tiene una necesidad muy grande de vivir con los pies sobre la tierra y ser razonable en su pensamiento. Nos lleva a cuidar mucho lo que es nuestra propiedad, nuestras finanzas y todo aquello que en la vida "se gasta", pues nunca se sabe cuándo vendrán tiempos de escasez, así que hay que estar prevenidos. Esta voz se enfoca en que cuidemos lo concreto, lo material, lo útil, lo que necesitamos para sobrevivir.

¿Cuál es su función?

El ahorrador busca la seguridad. El **motor** que lo lleva a actuar es estar arraigado en un tiempo y un lugar. Tiene miedo de la pobreza en cualquier sentido del término, sobre todo de la pobreza a la que llegamos por haber derrochado nuestro capital, sea económico o emocional. De ahí que si esta es la voz cantante en nuestra vida seamos ahorradores con el dinero pero también con nuestra expresión emocional, con la cantidad de palabras que decimos, con el tiempo que ocupamos para realizar actividades que juzgamos como "desperdicio" o "inútiles" o "poco provechosas". La persona se restringe para evitar el dolor de dar y no recibir nada a cambio. El ahorrador interior puede sentir que se muere si percibe que está en un entorno de abundancia, porque la abundancia es sinónimo de riesgo a perderlo todo.

¿Cómo puede limitar?

Hace que caigamos en el "síndrome del avaro" del *Cuento de Navidad*. Que escuchemos tanto a esta voz que nos guardemos en una vida de ermitaño por miedo a gastar, con lo que en realidad perderemos lo que la vida puede ofrecernos gracias al producto de nuestros ahorros. El ahorrador, si se vuelve invasivo, nos hará economizar en llamadas telefónicas a seres queridos y evitarnos o "ahorrarnos" el riesgo de ser feliz por permanecer en una vida segura. Nos impide disfrutar la vida porque hace que asociemos el placer con el derroche. Nos paraliza. No aprendemos a compartir, nos vuelve egoístas y nos aísla.

Historia. La custodia del tesoro

Siempre lleva las llaves consigo, las contraseñas, los controles remotos, las aplicaciones de las videocámaras de vigilancia. La alacena de su casa está siempre bajo llave y cada alimento está contabilizado, pesado y medido para garantizar que ni su marido ni su hijo roban algo a hurtadillas. La televisión está programada para que su hijo no la pueda encender en su ausencia y solo pueda verla una hora cada dos días.

Inmaculada aprendió de su abuela que siempre hay que estar preparada para una crisis, una revolución, una catástrofe y en la casa debe haber suficiente alimento para sobrevivir un mes sin tener que salir a buscarlo. Pero cuidarlo y garantizar a lo largo del tiempo que esto suceda, es todo un arte que la mantiene ocupada día tras día, año tras año. Hasta ahora no ha pasado nada, pero uno nunca puede saber.

Además de custodiar el tesoro de la comida, Inmaculada cuida, guarda, acumula todo objeto que pueda servir para algo en alguna ocasión. Su afán no es de coleccionar, sino de prevenir una futura necesidad y tener con qué resolverla.

Otra de sus peculiaridades es ser la guardiana de las finanzas domésticas, además de ser la contadora en la empresa, que cuida el dinero del propietario como si fuera suyo. Cada gasto hay que justificarlo, llevarle al menos tres posibles proveedores, analizar el más barato y por supuesto elegir ese, aunque la calidad sea menor. Gastar lo mínimo y ahorrar al máximo es su filosofía para que un negocio florezca. Los jefes la aman, los colegas la critican por tacaña.

Lo peor que le puede pasar a Inmaculada es tener que dar algo, que hacer un regalo, que desprenderse de lo que sea, pues siente como si un pedazo de sí misma se fuera con el objeto y entrara en una profunda melancolía cada vez que se ve en la obligación de dar algo a alguien. Pues con el dar viene el terror a que el otro se sienta obligado a retribuir y no sabe qué es peor, si tener que dar o tener que recibir. En especial al final del año es cuando lo pasa peor. El intercambio *de regalos entre los compañeros de trabajo es una tortura, que casi siempre resuelve con algo que por ahí tiene en su casa guardado. Pero tener que aceptar lo que le den es aún más horrible. A su marido lo tiene sentenciado de que en su familia no se fomenta el consumismo capitalista y por tanto no se dan regalos ni de cumpleaños, ni por los aniversarios ni en la Navidad y que solo un único juguete se le da al hijo, ni uno más. No vaya a convertirse en un tirano abusador que exige más y más a los padres…*

El eficiente

¿Cómo se reconoce la voz del eficiente interior?
La voz eficiente no soporta lo que sean ineficiencias, burocracia, lentitud, poca disposición para resolver. El eficiente critica a los relajados que dejan las cosas para después y también a los que se esfuerzan pero no dan resultados. Surge también como un impulso que trae el mensaje "¡resuelve ya!".

¿Qué lo caracteriza?
El eficiente interno es una voz que nos empuja a hacer cosas útiles y resolverlas con diligencia. Nos insiste en hacer las cosas bien y a la primera. Ser el mejor y además el primero en responder. Es esa parte que no permite que se acumulen los correos en la bandeja de entrada y que puede bombardear de mensajes a otros para estar seguro de que todo está sucediendo según la agenda. Que siempre está viendo cómo puedes ser útil a los demás gracias a las ideas que te vienen y a tu capacidad de resolver.

¿Cuál es su función?
Recibir reconocimiento por todo lo que se es capaz de resolver gracias a este eficiente que llevamos dentro. Es indes-

criptible la satisfacción que siente quien está identificado con esta voz cuando ha sido capaz de hacer muchas cosas en poco tiempo, con alto nivel de eficiencia y logrando el resultado esperado. Ser reconocido, alabado, admirado por el logro, para responder humildemente que solo estaba cumpliendo con su deber.

Historia. Me encargo de todo

Sam es el encargado de toda la flotilla de vehículos que tienen en el gobierno. Se trata de un total de 1.938 vehículos entre coches, minivans, montacargas, retroexcavadoras y camiones de carga. De ese total, 930 son vehículos de pasajeros. Para Sam, su trabajo es muy retador pues debe hacer el seguimiento al estado de cada vehículo. Él sabe que su trabajo es un servicio que le es útil a todos los funcionarios del gobierno y que él les facilita que realicen sus funciones de la manera más eficiente y libre de obstáculos causados por el estado de los transportes a su cargo. Lo que más le satisface es que realiza un servicio útil para todos. Que no exista una sola llamada por un vehículo descompuesto por causa de un mal mantenimiento.

Pero lo preocupan las constantes llamadas que sí recibe de accidentes pequeños y mayores en los que resultan implicados todos los días unos u otros.

Como parte de su enfoque sobre la eficiencia, Sam se hace distintas preguntas como: "¿de qué manera puedo yo contribuir a disminuir la cantidad de accidentes que los funcionarios tienen?". A él le gusta encontrar soluciones, y para eso lleva un año recabando información que ya por fin acaba de procesar.

Descubrió que en promedio mensualmente se presentan 52 accidentes, de los cuales 34 se dan cuando la gente está estacionando. También encontró que la mayoría de los accidentes suceden en lunes. De hecho, son 8 de cada 10. El resto sucede en viernes, después de la comida del mediodía, que en promedio ese día dura dos horas, a diferencia del resto de la semana cuando se toman menos tiempo para comer. Los lunes son por el estacionamiento y los viernes por colisión con otros vehículos.

Ha entrevistado a más de 120 funcionarios después de haber sufrido algún percance de tránsito y parece que en casi todos los casos comieron en exceso y chocan por regresar apresurados y adormilados. El día lunes siguen distraídos por las trasnochadas y excesos del fin de semana; y el viernes, por otro lado, están ya deseosos de empezar el fin de semana, por lo que su concentración también disminuye.

Así que ahora está muy emocionado porque ha generado por fin toda la estadística y está viendo la mejor manera de hacer saber a todos los funcionarios sus resultados y con ello prevenir los accidentes desde la causa raíz. Ya pensó en crear un pequeño video para pasar por Whatsapp y está diseñando una charla para ir a todos los ministerios a sensibilizar a la gente. ¡Ahora va a dar resultados su eficiencia! Su trabajo tiene sentido. Nada es imposible para Sam.

Capítulo 7

El estilo bereber
O la batalla entre la ilusión de la eterna
juventud, el cambio y la soledad

¿A qué llamo estilo bereber?

El bereber está localizado en el polo de **cercanía** en el eje del espacio y en el **cambio** en el eje del tiempo. Necesita de los otros y es el miembro más activo del grupo / tribu / familia / organización a los que pertenece. Igual que los antiguos habitantes del desierto, sabe que no puede atravesar solo el "desierto de la vida" y que necesita de los demás. De ahí que sea alguien al que siempre se lo verá interactuando con otros.

Su preferencia por el **cambio** lo lleva a aburrirse de todo lo que juzgue como tedioso o rutinario. No hay como el reto de experimentar algo novedoso. Continuamente cambia su *look*, va siempre a la moda y sorprende a los demás con algunas extravagancias.

El bereber tiene una voz interna **entusiasta** que continuamente lo mueve a decir que sí a cualquier propuesta que signifique experimentar algo diferente que lo haga sentirse vivo. Es dado a ser hábil en muchas cosas, desde arreglar máquinas hasta para escribir cuentos. Hace de todo, aunque sin constancia o profundidad. No le importa dejar cosas a medias con tal de perseguir un nuevo **sueño** movido por la novedad.

> *Tiene un olfato agudizado para todo lo que es nuevo o está surgiendo. Como está siempre buscando nuevas posibilidades y las condiciones establecidas lo ahogan, se apodera de los nuevos objetos o situaciones con gran intensidad, a veces con extraordinario entusiasmo, solo para abandonarlos luego. Es como si toda su vida se desvaneciera en la nueva situación.*[28]

El bereber es muy **sociable** y es conversador. Es amigo de todos. Se lleva tan bien con el presidente como con el personal de intendencia. Igual se lo ve en la boda de un político que en la comunidad rural de doña Soco. Le gusta ser el alma de la reunión, canta, baila y entretiene a todos con su chispa.

El guerrero bereber se describe a sí mismo como alguien de mente ágil y **creativa**. Esta parte creativa, si la desarrolla, lo ayuda a conectar con su intuición, que es una de sus armas más poderosas. Desde ella puede descubrir las potencialidades, lo que aún no es visible, o las posibilidades futuras que están en el trasfondo de una situación.

Algunos están tan enfrascados en sus pensamientos y sueños que la "vida real" en torno a ellos les pasa inadvertida. Y es que tienen la certeza de vivir en un "aquí insuficiente y un allí prometedor".[29] De ahí su gran atracción por lo lejano, lo remoto, ya sea geográfico, cultural o lo que existe más allá de los límites de la propia cultura. Esto lo asemeja al guerrero de tiempos antiguos que se desplazaba y absorbía los valores de unas y otras culturas invadidas para garantizar su supervivencia.

El bereber no aguanta estructuras rígidas que lo ahoguen. Le gusta un trabajo en que tenga que viajar mucho,

---

28 Naranjo, Claudio: *op. cit.*, pág. 241.
29 *Ibidem*, pág. 245.

tener contacto con diversidad de personas, roles de mucha interacción. Ventas, mercadotecnia, relaciones públicas, asesoría. Muchos poseen el don de la **seducción**. Manejan de manera espontánea las artes de atraer a los demás, ya sea por su habilidad verbal, su mirada o cualquier otra estrategia.

Como el contacto con la gente es lo que lo llena de energía, es alguien que con preferencia trabaja en equipo. Siempre dice estar feliz y se muestra servicial. Es muy buen anfitrión y su buen humor hace que a los demás les sea muy atractivo estar cerca de él.

Otro rasgo característico es su falta de disciplina y **desorganización**, relacionada con su interés por no posponer nunca el placer. Está identificado con una parte **hedonista** que prefiere gozar el momento ante lo que significaría sufrir por apegarse a hábitos, rutinas o compromisos que lo aburren.

El bereber tiene una parte muy **práctica** y puede encontrar mil ideas para resolver una tarea y hacerlo rápido aunque cometa errores. Se identifica con la ley del menor esfuerzo y el máximo resultado visible para recibir aprobación, aun cuando después deba volver a trabajar por no haber puesto atención en los detalles.

El bereber usa cualquier información para crear muchas más opciones de las que parecen evidentes. El **soñador** que habita dentro de él necesita apenas de un pequeño estímulo, y él puede traerle a la imaginación grandes historias creativas. Empieza buscando un terreno de diez metros y acaba soñando con un proyecto que abarca varias hectáreas. El riesgo en que puede caer es no estimar adecuadamente los recursos con los que cuenta para sus emprendimientos.

Dado que la creatividad y el tener un **espíritu libre** son grandes baluartes del bereber, en muchas ocasiones se los escucha decir que las reglas fueron hechas para saltárselas, lo que les causa muchos problemas con los defensores de la ley y el orden. Es la fuente más importante de conflictos con los espartanos, que se vuelven como sus "policías", pues constantemente buscan meterlos entre lo que consideran rígidas reglas o procedimientos que les coartan su preciada libertad.

> *Tiene su propia moralidad característica, que consiste en guardar lealtad a su propia visión y someterse voluntariamente a su propia autoridad. Esta actitud encierra el peligro de que dilapide su vida en cosas y personas, derramando a su alrededor una abundancia que son otros los que la viven.*[30]

Hay una voz con la que se identifican personas de todos los estilos, aunque es especialmente observada en el bereber. Se trata de la **víctima.** Dado que viven en sueños, fantasías y dramas, tienden a exagerar más y a usar largos relatos para manipular o convencer a los demás de sus historias, en especial si quiere zafarse de algo desagradable o de un conflicto. Se lo escucha quejarse de su destino, de su pareja, de su jefe, y esta voz los lleva a no asumir responsabilidad por sus actos.

Voces interiores que habitan en el bereber

Llegar hasta este momento de la escritura del libro es un logro importante, gracias a que he estado conectando con las voces ejecutivas y eficientes del espartano y del vikingo que llevo dentro. Ha sido muy curioso cómo, a pesar de conocer el gran porcentaje que llevo yo de las voces del bereber en mí, haya podido moverme tan eficientemente en la creación de las historias de todas las voces anteriores. Solo fue llegar al bereber y empezar a divagar, a soñar, a evadirme, a ver el whatsapp, a abrir un programa y otro, un

---

30 *Ibidem*, pág. 241.

archivo y otro y a terminar por darme cuenta de lo que me sucede cuando es la energía de mi desorganizada la que se apodera de mí. Y esto me habla de que estoy en un momento importante de entrar de lleno en estas partes de mí para poder honrarlas y describirlas, ayudada por la disciplina y siendo comprensiva y compasiva con ellas. Pues si se apoderan de mí como lo hicieron hace dos años, este libro nunca podría haber sido acabado. Así que si el lector ya lo tiene en sus manos y lo está leyendo, estaré congratulándome por haber ganado esta bella batalla entre las voces internas que buscan ser las dueñas y yo que sigo en mi camino de ir abrazándolas y ser su líder.

A continuación haré una descripción más detallada de las voces con las que más se identifican las personas de estilo bereber. Que las agrupe por estilos es solo con el objetivo de facilitar la visión de un mapa interno que en la realidad es siempre más complejo.

Cualquier persona de cualquier estilo puede tener presentes en su vida estas voces, aunque tal vez no las tenga tan arraigadas o con un volumen tan alto como suelen aparecer en el bereber.

Las voces seleccionadas, entonces, no son ni todas las que posee un bereber, ni exclusivas de este. Sí son las más características y las que más comúnmente he observado. Invito al lector a resonar con cada una para ir encontrando la intensidad, el volumen y la manera en que cada una ejerce una influencia en su vida.

Recomiendo al lector reflexionar primero si tiene conciencia de la existencia de cada voz y la manera en la que opera en su conducta. Si tiene una relación con ella; si la acepta o rechaza; si considera que es como un enemigo interior que debe combatir, sin saber cómo deshacerse de ella, o si actúa como impulso incontrolado. Todo esto será promotor de aprendizajes sobre la gran diversidad que se oculta bajo nuestra piel.

El entusiasta

¿Cómo se reconoce la voz del entusiasta interior?
Hay un indicador que no puede fallar para detectar al entusiasta: si cuando emprende una de sus nuevas ideas o proyectos y la gente que quiere que lo siga no lo hace, los tacha de aburridos, apáticos, reprimidos, pasados de moda o de pesimistas; entonces, con seguridad el entusiasta interno es una voz dominante.

¿Qué lo caracteriza?
El entusiasta hace que uno esté siempre de buen humor y muestre su exuberante vitalidad natural. Es quien refleja gran variedad de intereses y gustos, que pueden ser desde los más excéntricos hasta los más convencionales. El entusiasta tiene una devoción especial por la gente, por los lugares y las cosas que ama en su vida. Hace que centremos la atención en lo que nos hace sentir comprometidos, ya sea momentáneamente o a lo largo del tiempo. Su energía contagiosa inspira e impulsa a los demás a participar en las locuras que inventamos.

¿Cuál es su función?
Ser siempre una voz que nos invite a descubrir cómo la vida es emocionante, excitante y llena de posibilidades. Además, como parte de las voces de un bereber que quiere quedar bien con los demás, su intención es que tengamos argumentos para mostrar al mundo lo felices que somos y lo mucho que amamos la vida. El entusiasta interno es la voz que nos protege de sentirnos abandonados y desvalidos si nos quedamos solos. Nos lleva y vuelve a llevar al mundo de las interacciones intensas para que no toquemos ese dolor de la soledad con el que fácilmente podríamos caer deprimidos.

¿Cómo puede limitarte?
Si esta es la voz cantante de nuestro equipo interno, segu-

ramente habrá cierta cantidad de personas que nos eviten porque llegamos siempre con nuestra metralleta de ideas para querer convencerlos, como misionero, de lo que estemos predicando o vendiendo en ese momento. El entusiasmo puede ser nuestra mayor fortaleza y nuestra peor debilidad. Pues así como convencemos rápido a los otros, somos impresionables ante cualquier nuevo vendedor que en nuestra vida hace las veces de espejo de uno mismo. Así, nuestro entusiasmo por contagiar a los demás de este nuevo producto que compramos, de esta nueva teoría que cambió nuestra vida, de la sanadora de medicina alternativa a la que otorgamos cualidades casi divinas o de esta nueva pareja que ahora sí "es el amor de nuestra vida", nos impedirá que escuchemos razonamientos "juiciosos" o que veamos la enorme cantidad de fantasía que estamos depositando en el objeto de nuestro entusiasmo, y caeremos una y otra vez en experiencias de fracaso, fraude y desengaño.

Historia. El líder basado en ocurrencias

José Gregorio es venezolano. Se alegra de haber tenido la oportunidad de salir de su país antes de que cayera en la crisis en que está sumido ahora. De hecho, lleva ocho años en República Dominicana donde dirige una gran empresa de origen norteamericano. Sabe que se ganó la posición por su manera de venderse ante los directivos y por la cantidad de relaciones que fue acumulando a lo largo de su carrera y en los distintos puestos para Latinoamérica que tuvo. La verdad es que es simpático y encantador.

José Gregorio está feliz en Santo Domingo, pues si de algo goza es de la cantidad de eventos llenos de merengue, bachata y reggaetón, la exuberancia de las dominicanas y el color del Caribe. Se lo pasa de fiesta en fiesta los fines de semana y siempre hace conexiones con gente divertida.

Hace unos meses conoció a otro director de empresa en un evento y conversaron sobre un nuevo enfoque de liderazgo que el colega estaba aplicando en su organización. José Gregorio se entusiasmó de inmediato y llegó al día siguiente a dar órdenes para implementar ese enfoque –del que por cierto, no sabía nada, fuera del nombre.

En otra ocasión, había sido un nuevo sistema de calidad.

Hace seis meses llegó con que ahora sí se iba a resolver todo el conflicto con la cartera de proveedores gracias a alguien a quien conoció y que les iba a vender todas las soluciones que necesitaban.

O aquella vez en que conoció a un consultor mexicano que andaba de visita por la isla y le pareció magnífico su programa de capacitación para mandos medios y lo contrató por un año.

Ni se diga cuando otro "coach internacional" le vendió una serie de programas "coercitivos" enfocados en crear catarsis, que concluyeron en una persona intentando el suicidio, dos divorciándose y cuatro renunciando a la empresa, además del gasto millonario que hizo.

Los fiascos en que han resultado todas sus ocurrencias no cuentan. Tampoco los miles de dólares que han terminado despilfarrados por sus ideas. Él las olvida rápidamente porque ya está entusiasmado con la siguiente. Y no quiere escuchar las voces que le dicen desde todas las áreas de la organización que los trae locos, que quieren estabilidad, procesos claros, metas concretas a lograr, un líder seguro de sí mismo y con un propósito claro.

El emprendedor

¿Cómo se reconoce la voz del emprendedor interior?
Cuando el emprendedor es la voz cantante del bereber no lo deja sentarse a descansar ni un minuto, pues su mente siempre está girando alrededor de nuevas ideas, formas de abordar situaciones y sobre todo está siempre creando y ejecutando nuevos negocios, aventuras y proyectos personales. Esta voz entonces lo lleva a criticar duramente a los "burócratas" faltos de imaginación que repiten lo mismo hasta el cansancio y con quienes difícilmente puede interactuar a gusto.

¿Qué lo caracteriza?
El emprendedor es experto en moverse, hacer negocios pequeños o grandes, tener ideas y arriesgarse a cambiar de rumbo cuando es necesario. La meta del emprendedor interno es que te muevas a emprender, no que coseches ni permanezcas por mucho tiempo en lo mismo. La adrenalina de lo nuevo es lo que lo impulsa.

¿Cuál es su función?
El motor que lo lleva a actuar es asegurar nuestra vitalidad a través de la capacidad de dar el paso. Su intención es convertir en realidad nuestros sueños y deseos. A esta voz le gusta mucho la famosa frase de Walt Disney: "Si lo puedes soñar, lo puedes hacer".

Ahora bien, por otro lado, emprendemos para no caer en el aburrimiento, para ser vistos y llamar la atención; para no pasar por uno más del montón, sino para que destaquen nuestras ideas creativas. Y gracias a que lo logramos, esta voz nos protege del sinsentido provocado por no ser alguien que sobresalga, y más si venimos de una familia numerosa y vivimos en un contexto donde muchos compiten por ser incluidos en la élite de los "grandes", "originales" que aportan cosas nuevas. El emprendedor interno nos hará pagar cualquier costo con tal de lograr sus objetivos.

¿Cómo puede limitarte?
Nos induce a asumir riesgos económicos, emocionales o físicos innecesarios por no considerar nuestros límites. Si el emprendedor hace que no nos preocupemos tanto por el contenido de las ideas que nos haga creer que vamos a lograr cualquier cosa sin tomar en cuenta los verdaderos recursos con los que contamos, puede ser el causante de bancarrotas o derrumbes estrepitosos. Así habremos caído en el efecto opuesto al que buscábamos: entrar en una interminable historia de fracasos en varios órdenes de la vida.

Historia. Los emprendimientos del doctor Godínez

Un día fui a visitar a un médico, quien mientras me hacía unos estudios de ultrasonido comenzó solito a contarme toda su historia, como un buen bereber, sin preguntar si me interesaba, y quedé fascinada con su relato.

"Primero fui campesino porque mi padre es campesino y me enseñó desde pequeño el trabajo rudo del campo. La vida es una lucha para el campesino y así lo creo, y cuando viene gente acá que cree que todo el dinero se gana fácil, les digo que se vayan un día, un solo día de su vida, a sentir lo que siente el campesino, para que valoren cada fruta y verdura que comen. Pues sin los campesinos no hay país, no hay vida.

"Luego fui albañil. Trabajé varios años en la construcción y puedo enseñarle a cualquiera lo que significa levantar un muro, poner la viga, dar los acabados.

"¿Ves el piso del consultorio? Yo lo puse. ¿El acabado de las paredes? Todo lo hice yo con mis propias manos.

"¿Ves alguna señal de la instalación eléctrica? No, pues porque también la puse yo. Después de albañil fui electricista y aprendí todas las artes de los cables y las instalaciones.

"Mi padre me dijo que tenía que hacerme un hombre de oficio y debía aprender también de electricidad. Y fue cuando puse el negocio de electricista del que ya tengo cinco sucursales. Sí, el "Eléctrica doña Clo", que es el nombre de mi mamá. Ese lo llevan dos de mis hermanos y ya estoy abriendo la Escuela de Oficios para que los muchachos aprendan formalmente.

"También me sé más de cuatro mil chistes, fui actor de teatro, hice docenas de personajes, desde juglares a personajes de las tragedias griegas y comedias, y puedo entretener a un público durante horas sin que se aburran durante un minuto.

"Luego me hice 'tortero'[31] *tuve el mejor puesto de tortas de San*

---

[31] En México una torta no es un pastel. Es un sándwich, bocadillo, baguette relleno de jamón, queso, huevo, frijoles, chile y muchos otros ingredientes. Un tortero tiene un puesto, a veces callejero y a veces con un local, donde vende esencialmente tortas de todo tipo con pan blanco fresco.

Luis de la Paz. Bueno, lo tengo. ¿Lo conoces? ¿Las tortas del Negro? Tortas, sándwiches, baguettes, ciabatas de todos los sabores y mejores que las del Subway, tienes que probarlas. Todas las recetas son mías. El negocio sigue ahí, solo que ya no me ocupo de él sino que contraté a unas sobrinas para que lo lleven.

"Y no sé si te fijaste en el edificio de la clínica. Los tres pisos de arriba son mi hotelito, bueno, es un airbnb, ese lo maneja mi mujer y mi hija. Y no sabes lo bueno que nos ha salido el negocio. Como estamos acá tan bien ubicados en el centro, tenemos ocupación casi llena todo el año.

"¿Que cómo me hice médico? Pues porque se nos murió mi abuelita de una manera que de haber habido un médico cercano podría haberse salvado. La incompetencia del hospital general, los residentes indiferentes, el maltrato. Yo me dije: 'tengo que hacer algo por cambiar esto'. No es posible que la población pierda su dignidad en el lugar en que más deberían valorar su vida. Y me enfoqué en estudiar, y me costó, me rechazaron en Querétaro y estudié en Morelia, y luego la especialidad. Y aquí estoy. Me he forjado yo mismo. Y ahora tengo este centro de diagnóstico que yo mismo construí y contraté a los demás médicos y radiólogos para hacer equipo.

"Les digo a mis hijos que ellos ven la vida muy fácil. Quieren su tablet y ahí está. Y los llevo con mi papá, que sigue siendo campesino, y ahí los dejo muchos días para que aprendan que la vida es esfuerzo, a diferencia de aquí que todo lo mueven desde su tablet. Que si quieren emprender tienen que empezar por saber arar la tierra, regarla y mucho tiempo después esperar la cosecha..."

El sociable

¿Cómo se reconoce la voz del sociable interior?
El sociable interno del bereber señala con el dedo a los ermitaños, solitarios, aburridos, encerrados en su casa, a los callados, silenciosos y poco comunicativos.

¿Qué lo caracteriza?

La voz sociable nos mueve a abrir bien los ojos brillantes, a conectar con la gente que necesitamos y a que todos nos vean y consideren "la o el invitado indispensable" en su fiesta, reunión, cumpleaños, grupo literario, coro, clase de baile o clase para chef, con tal de ser parte de todo lo que sucede, que no te pierdas ningún evento del que después se hable y, sobre todo, que nunca quedes excluido.

¿Cuál es su función?

Su función es proteger del peor de sus miedos: quedarse solo. No hay como el ruido, la fiesta, el bar o una serie de antros para no tener que estar un minuto solo, porque si se queda solo, se cae, se siente morir, se siente abandonado, no querido.

¿Cómo puede limitar?

El sociable vive la vida desde fuera. Necesita todos los estímulos del medio para sentirse vivo, y lo que limita a quien vive intensamente en esta voz es no aprender a vivir de dentro hacia fuera.

Historia. Ajonjolí de todos los moles[32]

Carmen tiene 64 años, 8 hijos, 14 nietos. De sus hijos, tres viven con ella por distintas razones que los han hecho volver, lo que ha sido para Carmen la mayor de las bendiciones. Así tiene siempre movimiento en la casa, nietos que cuidar, comida que hacer, ropa y menaje que organizar en la casa.

Todas las mañanas trabaja en la frutería de su hija Lupita, y atiende y conversa con la clientela, se pone al tanto de todas las novedades y además recibe siempre alguna invitación a la que llegará en primer lugar. A la una ya está de regreso para preparar la comida para toda su tribu.

---

[32] En México, el ajonjolí es la semilla de sésamo que se le pone al mole, uno de los platos más típicos de todos los festejos importantes de la vida. Así que quien "está en todos los moles", está en todas las fiestas.

Además es la persona más activa de la comunidad. Es la que organiza todas las fiestas religiosas de El Pueblito[33], para las que luego hace ollas de caldo que comen cientos de personas, hace miles de tamales y enchiladas. Pero lo que más goza es tener el patio de su casa atestado de mesas y sillas llenas de peregrinos, de bailarines comiendo, de los sacerdotes y monjas que están de peregrinación. Alimentarlos a todos es su pasión. Sentirse importante, recibir tantas bendiciones y agradecimientos. Saber que colabora con su comunidad y por ello recibe tanto a cambio.

Carmen revela no haber estado un solo minuto de su vida sola, no al menos que lo recuerde, y le parece el pensamiento más horrible saber que mañana a la tarde, al parecer, pasará cuatro eternas horas sola por primera vez. Y no sabe qué hacer con tanto tiempo. Ya desde hoy de pronto comenzó a llorar cuando fue al baño; el llanto sencillamente la invadió. No lo puede controlar. Tiene varias amigas que viven solas y constantemente las invita y organiza reuniones, desayunos, cenas para que no pasen tanto tiempo sin compañía. Mañana estarán todas ocupadas en sus trabajos y con sus vidas. Y ella, sola. Sola con su alma. Hizo todo lo posible por invitar a alguien al cine. A tomar un café. Nada. La televisión la deprimiría más que acompañarla. Ni ir de compras le atrae sabiendo que estará sola. ¿Qué le va a pasar? Se siente morir.

El soñador

¿Cómo se reconoce la voz del soñador interior?
Si uno es de los que pasa mucho tiempo en las nubes y de pronto descubre que no sabe cómo pero ya es de noche y no hizo nada de lo que tenía pensado, con seguridad hay

---

33 El Pueblito es el nombre de la cabecera municipal de Corregidora, en el estado de Querétaro, México. Su nombre singular desconcierta a muchos. Y más, el hecho de que hay un santuario franciscano muy famoso, dedicado a la Virgen que también así se llama: La Virgen del Pueblito. Y en esa zona del país hay muchas mujeres que llevan como nombre María del Pueblito.

un soñador por ahí dentro haciendo de las suyas. Si nuestra mirada se pierde en ensoñaciones que nos llevan lejos, a un lugar difuso y difícil de describir; si además tenemos problemas en el manejo de temas cotidianos que nos resultan aburridos, demasiado terrenales o poco inspiradores, como el manejo de nuestras finanzas, la ejecución de planes o hacer tareas que no nos estimulen, estaría bien que observáramos de qué tamaño es el soñador que nos habita.

¿Qué lo caracteriza?
El soñador/a que llevamos dentro carga con nuestros deseos más profundos de ser feliz. Tiene una idea clara de cómo es la felicidad verdadera, una muy parecida a la de los cuentos de hadas. Si esta es nuestra voz cantante, con seguridad seremos capaces de construir fantasías de todo eso que queda sin manifestarse en nuestra vida cotidiana. Es una voz que nos lleva a imaginarnos como héroe o heroína que será rescatado y encontrará finalmente el tesoro de la felicidad que aquí, en esta tierra y en este presente que vivimos, está lejos de suceder. Se trata entonces de una voz que ayuda a evadirnos mentalmente de un entorno de tristeza, abandono, soledad o sufrimiento. Es quien nos hace mantener la esperanza y el optimismo a pesar de todo lo que debemos enfrentar.

¿Cuál es su función?
Está ahí para trascender las limitaciones que uno percibe en sí mismo, tanto externas como internas.

Su intención es que la persona mire y sienta más allá del aquí y ahora para poder encontrar el amor verdadero desde esta visión más o menos ingenua y pura. Además, tiene un poder muy especial, pues cuando estamos siendo poseídos por los sueños dejamos de sentir el dolor y liberamos nuestro espíritu en la fantasía. Un ejemplo extremo es el de "La vendedora de fósforos", del cuento de Hans Christian Andersen: esa niña pobre y sola, que muere en una calle de

Copenhague mientras trata de calentarse con una cerilla la noche de Fin de Año, pero al calor de su fantasía de felicidad.

La mayoría de los escritores, creadores y artistas tienen elevado el volumen de esta voz, a la que le dan cuerpo y alma en sus personajes.

¿Cómo puede limitar?

Es posible que literalmente quedemos atrapados en el sueño y no queramos despertar; es decir, que despreciemos o no valoremos las realidades de la vida cotidiana y privilegiemos el pensamiento mágico que nos desconecta de ellas por completo.

Historia. Los sueños de Lucía

Puede quedarse durante horas con la mirada perdida, la computadora encendida y su mente soñando, yendo al universo, volando como vuela en sus sueños lúcidos. Lucía tendría que entregar ese diseño mañana por la mañana y no logra concentrarse. Está fascinada con los encuentros que ha tenido con ese hombre al que chocó la otra noche y fue tan increíblemente educado y comprensivo a pesar de que le dejó destruida la parte trasera de su coche. ¿Y si se tratara de él? ¿Del que tanto ha esperado y soñado? Así, zas, estrellarse contra él para romper el hilo cotidiano, descubrir lo atractivo y masculino que es... Es como de película, ¿no?

El whatsapp la despierta de la ensoñación. Es un mensaje de él. Responde. Escribe. Responde. Tres horas más tarde no sabe qué está pasándole. Tiene que acabar ese diseño.

Apaga el teléfono, cierra el correo, el Facebook, el Linkedin. Respira profundo. Va a comer algo.

¿Será que está cayendo de nuevo? ¿Por qué se dirá caer a esto que parece que le empieza a pasar? Caer es algo violento, súbito, inesperado. No hay una red sosteniéndote. Caer duele.

Además ¿caer a dónde?, ¿caer en qué? ¿Por qué caer? ¿Quién te empuja a caer? Parece algo sádico.

Hace una inspiración y piensa que prefiere volar.
Los pies en el suelo, la cabeza mirando las estrellas.
Volar es suave, fácil, es un fluir hacia arriba y más arriba y más...
Volar como en un sueño. Piensas en el destino y aterrizas donde querías estar.
No hay dolor, llegas suavemente posando los pies en la tierra.
Y luego miras un nuevo destino y vuelas. Vuelas más allá de las estrellas.
Fácil y gratis...
Cada uno de los muchos novios que Lucía ha tenido en su vida ha pasado por el mismo proceso. Sus amigas se burlan de ella.
—¿Ahora sí este es el amor de tu vida? ¿Estás segura? Nos lo has dicho con todos y cada uno de los... ¿cuántos van en la lista?
—Sí, este sí es —responde un tanto molesta por la comparación que sabe que es cierta pero ahora no quiere escucharla esa soñadora que lleva dentro y que ha echado a volar nuevamente.
—¿Y qué es lo que lo hace tan especial?
—Él es diferente...
El teléfono suena. Uno de sus clientes.
—Lucía, ¿qué pasó contigo? Llevo media hora esperándote. ¿Vas a venir a la cita?

El creativo

¿Cómo se reconoce la voz del creativo interior?
Si es una voz primaria en tu interior, entonces eres alguien que dedica mucho tiempo a crear y recrear escenarios, a planear proyectos y a crear futuros emergentes. Serás también alguien que juzga o critica a los que consideras faltos de imaginación, pesimistas o pasivos.

¿Qué lo caracteriza?
Es la voz de nuestra convicción de que hacemos una diferencia con las ideas novedosas que traemos al mundo.

"Tú sí que eres original, no como los otros", nos dice. Es una voz individualista y orientada a obtener lo que busca. A menudo muestra habilidades de liderazgo importantes, y tiene el potencial de hacer que los demás se suban al barco de nuestras creaciones porque se sienten contagiados por su creatividad y su energía.

El creativo interior ve posibilidades en el futuro con una intención y un propósito concretos. Con su imaginación poderosa, visualiza todo lo que es posible cambiar, mover, rediseñar, desde la redecoración de un departamento hasta la protección del medio ambiente. El creativo confía en su capacidad de manifestarse y por tanto lo que concibe está más allá "de lo que es". Es una voz que le otorga al bereber un brillo especial en la mirada, con la que inspira y crea un magnetismo alrededor de sí y de las personas que quieran sumarse a sus creaciones.

¿Cuál es su función?
El motor que lo lleva a actuar es movilizar el presente hacia las posibilidades futuras que deben diseñarse y ponerse en marcha. Su intención es crear nuevas realidades. Cambia, todo cambia, y uno mismo es el motor y el agente de cambio. Surge para protegernos de la insatisfacción de nuestras condiciones actuales de vida, y según la forma en que se una con otras voces, como con el emprendedor interno o el soñador, serán los resultados a los que nos lleve.

¿Cómo puede limitarte?
Si pasamos más tiempo ocupados en creer que tenemos que ser lo más creativos posible todo el tiempo y para cada circunstancia, sin ocuparnos de la forma como llevarlas a la práctica, nos hará perder el suelo. Si esta es nuestra voz cantante, probablemente tendremos problemas para enfrentar tareas o actividades que requieren disciplina y repetición para realizarlas. Modelos o piezas que deban re-

producirse de manera idéntica saldrán todos distintos porque no habrá un proceso sistemático de producción que los fabrique.

Historia. El límite eres tú

La persona más creativa que he conocido en mi vida fue un alemán que tenía 91 años cuando lo vi por última vez. Él era mi vecino en Hamburgo en los años ochenta. Se llamaba Günther. Era un hombre del sur de Alemania, más bajo de estatura que yo, tal vez un metro sesenta y la mente más lúcida que nunca he vuelto a ver en alguien de esa edad. Tenía siempre su pensamiento ocupado en inventar desde objetos prácticos de la vida diaria hasta proyectos de empresas o grandes negocios de inversión de capitales.

*Había ido recopilando, con el paso de los años, lo que él llamaba "Su Tesoro" (*Sein Schatz*), que era un álbum gigante con todas sus ideas geniales, divertidas, toscas, prácticas, creadas a lo largo de muchas décadas y a las que cada día le añadía las cosas nuevas que iba creando. Había páginas en las que tenía toda la descripción técnica como si fuera a realizar la patente del producto. Había otras en las que los prototipos, si eran pequeños, estaban pegados. Creo que es uno de los más grandes privilegios que tuve, y sé que pocas personas lo tuvieron, el tener en mis manos ese tesoro de creatividad acumulada.*

Todos los viernes tomaba sus clases de pintura al óleo y tenía en su estudio, en una casa muy bella en el famoso barrio de Blankenese, docenas de cuadros pintados por él. Le gustaban sobre todo los barcos de vela. Recuerdo en especial una pintura del buque fantasma rodeado de nubes negras, bellísimo. Además de pintar, escribía poemas; a veces me enseñaba el manuscrito de un libro de historias que llevaba también décadas escribiendo y no le interesaba terminarlo ni publicar. Lo suyo era crear.

Era fascinante escuchar a Günther y pasar tardes enteras con él. Siempre tenía un pastel y chocolate para mis hijos pequeños con los que yo siempre cargaba y para quienes tenía algún juguete exótico de propia fabricación, con el que se entretenían horas jugando.

Un día, recuerdo, me dijo que se había dado cuenta de algo de mucha relevancia psicológica. Y es que mientras más edad tenía, sentía contar con mayor lucidez y claridad de lo que podía pasar en el mundo. Era como una especie de llamado a abrirse al mundo, se sentía más elocuente que nunca en su vida, que cuando hablaba podía contagiar e inspirar a la gente, hablar de los peligros que visualizaba para el planeta, de los riesgos de la política de la época, en la que aún existía el bloque soviético, la Alemania del Este y él vaticinaba la caída del bloque en poco tiempo; predecía muchos de los problemas que iban a generarse a raíz de la reunificación. Nunca pensé que serían las fantasías de un viejo loco, jamás. Estaba más lúcido que todos mis contemporáneos de menos de treinta. Era una delicia y un privilegio escucharlo hablar. Su misión de vida, decía, era hacer una diferencia en el mundo a través de sus creaciones.

Y así como un día me lo encontraba en la acera y me relataba fascinado cómo había dado con la solución para los botones de camisa que se les caen a los hombres, que casi ninguno sabe coser, al día siguiente ya había archivado esa genialidad y le brillaban los ojos con una especie de ducha portátil para los viajeros de campamento.

Günther trabajó toda su vida como funcionario público en la peor de todas las dependencias de gobierno: las oficinas de migración. Pero su mente nunca estuvo ahí, sino en sus creaciones, en sus ideas locas que nunca convirtió en realidad. Alguna vez me enteré que murió a los 104 años cuando estaba en medio de un proyecto de creación de un sistema ciudadano que trascendiera a los partidos políticos y sus limitaciones. Se fue a dormir y decidió hacer eterno su sueño.

El cambiante

¿Cómo se reconoce la voz del cambiante interior?
El cambiante que habita en el interior del bereber es el más hábil para adoptar el color y la forma del lugar en que se encuentra para pasar inadvertido, como lo hace un camaleón. Hace que la persona tenga varias pieles, máscaras,

temperamentos y recursos con los cuales se camufla. Es la voz que le dice que puede y debe ser amigo de todos, sin importar colores políticos, orientaciones o estatus económico, pues todos pueden ayudarlo cuando lo necesite. Podemos reconocerlo en nosotros mismos si somos propensos a conformarnos con las expectativas que otros ponen en nosotros, y si con tal de no contradecir a alguien le decimos que opinamos lo mismo aunque otra de nuestras voces internas nos llevaría por otro camino. Así es como nos mueve a actuar este camaleón, lo identificamos sobre todo en los juicios que hacemos de los demás cuando esta es la voz cantante. Con seguridad no soportaremos a los que consideramos rígidos, intolerantes o predecibles.

¿Qué lo caracteriza?
Esta voz que llevamos dentro es conocida por su talento para mudar de formas. Le gusta mucho el cambio y sin el menor problema se adapta a nuevas personas, lugares y situaciones. Como el camaleón se adapta con gracia y ligereza a los requerimientos del momento. Su naturaleza lo lleva a fluir y literalmente se deja "llevar" por la corriente. Son frágiles sus principios, pues el valor más importante que lo mueve a actuar es quedar bien con los demás.

¿Cuál es su función?
Su increíble adaptabilidad y flexibilidad quieren mostrar al mundo que podemos y debemos ser bienvenidos en todos lados. Su intención es moverse al ritmo de las olas y permitir que tomemos la forma que necesitemos para adaptarnos a cualquier ambiente. Esta voz nos protege del peor de sus terrores: quedarse sin amigos, solo y abandonado.

¿Cómo puede limitarte?
Que por querer ser amigo de todos, realmente de todos, aquellos que sí tengan principios o ideales claros empezarán

a sospechar y a excluirnos de sus círculos, pues perderemos credibilidad e integridad. Si este camaleón es tan fuerte que no lo escuchamos y no lo vemos a tiempo, entonces puede conducirnos a eso que trata de evitar: quedaremos solos y abandonados.

Historia. Tres en uno

David es empresario por las mañanas. En las tardes es hermano de la caridad y benefactor de todo tipo de causas, y por las noches vive entregado a sus pasiones, es cliente regular de todos los bares, antros, clubes y asociaciones secretas de la ciudad. Son tres mundos que no se tocan. Aprovecha las grandes distancias de la capital para diferenciarlos bien, y para mantener puro su personaje. Porque él es camaleón y cambia el color y la forma de la piel, cambia los pensamientos, el foco de atención. Lo único que se mantiene es su temperatura y la pasión por todo lo que hace.

Todos dicen que debe ser una reencarnación del David de mármol esculpido por Miguel Ángel. Es perfecto. Adorable. Cuando habla, los rostros se iluminan y las mujeres se ilusionan. Cuando ríe, hasta los árboles se doblan. Cuando se enfoca en vender, no hay quien se le compare, todos caen. No importa lo que venda, si los zapatos de su empresa, los donativos para el asilo de ancianos, las colonias de vacaciones para niños de escasos recursos, la casa hogar, el refugio de gatos o el rescate del río. Su poder de atracción y convencimiento hace que la abundancia florezca y la gente goce, además, de su magnética presencia.

David quedó viudo a los 33 años. Sus dos niñas eran aún muy pequeñas. Ya pasaron 15 años desde entonces, ya transitó por otros dos matrimonios y decidió que no es lo suyo casarse. La pasa demasiado bien así. Su problema ha sido, precisamente, haberse casado con mujeres que conoció en el mundo de la beneficencia y que cuando fueron descubriendo sus otras pieles lo juzgaron, se alejaron, lo rechazaron.

David es tres en uno. Seis en uno. Doce en uno. Es todos y no es ninguno. Y los pocos instantes en que se queda solo, quieto, se siente como el Rey Tiburón de la canción de Maná "...está en soledad...". Siente el vacío, lo toca y un resorte lo levanta y lo lleva a buscar automáticamente sus llaves, salir al bar, al ruido, a mitigar, a no sentir.

El seductor

¿Cómo se reconoce la voz del seductor interior?
El seductor es esa energía interna que lleva a que uno cambie la voz y la mirada cuando está frente a alguien que cree necesario conquistar, ya sea para venderle un proyecto, convencerlo de un plan, hacer que caiga en algún juego que está tramando o sencillamente por el placer de tener el poder de atracción sobre otras personas, aunque no necesariamente quiera entablar un vínculo con él o ella. Si es voz cantante, entonces será alguien que critique a los que considere blandos y a los duros de roer o controladores, a los aburridos (resistentes) o a los "impotentes" o "celosos". Pues todos ellos son los que no caen en sus redes.

¿Qué lo caracteriza?
El seductor atrae con su magnetismo o su *sex appeal*. Su naturaleza es carismática y cautiva a través de palabras, acciones o su encanto natural. El seductor interior tiene un sentido excepcional para estar presente en el momento oportuno, ya sea para cerrar un trato, vender algo o pedir una cita. Es quien inspira a otros porque hace que se sientan vistos, valorados y especiales. Esta voz sabe que a través del coqueteo se gana la mayoría de las batallas. "No le ganes, gánatelo", es su máxima.

¿Cuál es su función?
El motor que lo lleva a actuar es que logremos lo que nos proponemos. Su intención es inspirar conexión aunque sea

a través del engaño. Y nos protege de la dolorosa verdad de nuestra individualidad y soledad.

¿Cómo puede limitarte?
Al acostumbrarnos tanto a obtener lo que nos proponemos empezaremos a utilizar cualquier artilugio para lograrlo y tendremos poca tolerancia a la frustración. Y después de ejercer en exceso el poder de seducción, nos va a conducir justo a lo que se quería evitar que nos sucediera: que nos quedemos solos y nadie más crea nuestros cuentos.

Historia. La encantadora de serpientes

Habibi es directora de una gran empresa en Roma. Las malas lenguas dicen que subió al puesto no por sus méritos personales, sino por la relación secreta que tuvo con su predecesor. Ella es una mujer inteligente, tiene un doctorado y ha hecho una carrera impresionante para quienes la han observado desde que entró como practicante hace 15 años, hablando un escaso italiano y siendo una especie de bicho raro; provenía de una cultura extraña y mostraba comportamientos muy distintos de los de sus colegas italianas.

Tiene una mirada jade intensa, brillante, grandes pestañas, en contraste con la piel más morena y el cabello negro. Un cuerpo perfecto. Logró muy joven salirse de su país, estudiar en Europa y es un símbolo de liberación para las mujeres de su ciudad natal en Túnez.

Las mujeres la envidian. Los hombres la idolatran. Se sienten como hipnotizados con su mirada. Y no solo su mirada. Toda ella es sensualidad y es bien consciente del poder que tiene. Lo ejerce con gusto. Es divertida, simpática, alegre, baila como una diosa egipcia y quiere llevarse bien con todos, aunque constantemente percibe los chismes detrás de ella.

Habibi está siempre rodeada de hombres, como la abeja reina. Varones que la idolatran y que hacen lo que sea que ella diga. Tiene un poder magnético que hace, aun a los más inteligentes y escépticos, desearla en secreto. Y como la mayoría de los clientes son varones, llega a unas negociaciones nunca imaginadas y logra unos resultados fuera de lo común. Sabe qué mirada y qué movimiento sutil son suficientes para que el trato se cierre.

Ella se ha ido dando cuenta de que mientras más utiliza sus poderes para encantar serpientes, más está pagando el costo de quedarse sola. Muy al contrario de lo que dicen las habladurías, ella tiene esa parte arraigada desde su infancia, de que puede seducir a todos para lograr lo que necesita, pero el que realmente vaya a querer ganársela tendrá que pasar por una serie de pruebas nada fáciles. A mayor poder en su esfera pública, mayor impotencia en la privada. Nadie sabe que está en tratamiento para la depresión.

El espíritu libre

¿Cómo se reconoce la voz del espíritu libre interior?
Si el espíritu libre es la voz cantante en la vida de una persona, con seguridad le causará urticaria cualquier cosa que lo haga sentir restringido, limitado, encuadrado o dentro de un esquema. Así que lo reconoceremos por la forma en que se salta las reglas, procedimientos y estructuras, y también por su forma de juzgar a otros de controladores, "cuadrados", intransigentes o rígidos. Todo lo que limita, coarta, encierra, controla, compromete, estructura y obliga, a todo eso le huye.

¿Qué lo caracteriza?
El espíritu libre se mueve de acuerdo con nuestros impulsos e inspiración. No está atado a ninguna tradición, convención o expectativa. Lo único en lo que confía es en nuestra sensibilidad de ser independiente. Nuestro espíritu libre permite que el estado de ánimo del momento sea nuestra guía. Inspira ligereza y espontaneidad a la gente que nos rodea. Y es una voz que susurra al oído: "Voy a donde el viento me lleve y me sienta inspirado".

¿Cuál es su función?
El motor que lo lleva a actuar es asegurar que mantengamos nuestra individualidad y libertad por encima de cualquier cosa. Su intención es que podamos expresarnos desde la totalidad de nuestro ser. Es decir, sin ningún tipo de ataduras. Es una voz que protege del dolor de apegarnos a algo o a alguien y perderlo.

¿Cómo puede limitarte?
Hace que uno se entregue a la inspiración de cada momento que vive, pagando el costo de las obligaciones o responsabilidades que deja atrás. También es posible que tengamos poco arraigo y que para nosotros no existan códigos o norma que limite nuestro actuar. Y es una voz que evita que nos demos cuenta de cómo al actuar bajo su influjo en realidad terminamos cayendo en lo que queríamos evitar, pues nuestro apego desmedido a ser un espíritu libre es eso mismo, un apego, y nos hace tan esclavo de él como de cualquier otro tipo de apego.

Historia. Gabriel y el tucán

Gabriel es arquitecto. Desde pequeño mostró su espíritu libre cuando su mamá lo llevaba a clases de fútbol y él se sentaba tranquilamente en medio de la cancha y se ponía a coleccionar piedritas y apilarlas, mientras los demás niños le pasaban por encima correteando el balón.

Más adelante, en el bachillerato, Gabriel sencillamente no caía en las presiones sociales de todo lo que debía tener para ser aceptado, fueran teléfonos móviles, coches, ropa o una forma de comportarse, como corresponde a los jóvenes adolescentes de un país tan conservador como México. Se vestía muy distinto a los demás y sin la rabia del rebelde pero con la claridad del espíritu libre, sencillamente ignoraba las posibles críticas de sus compañeros, sabiendo que había ciertos valores que le eran más importantes que el de la presión de los demás para caber en un cajón y en un pequeño grupo social. Fue el único de su generación de la universidad que no llevaba traje y corbata en la foto de su graduación.

Al terminar la carrera, tuvo unas ofertas de trabajo en grandes empresas constructoras, de esas que están acabando con cerros, campos de cultivo y transformando el paisaje en cemento pintado de blanco. Pero ese no era su sueño. Y si no iba en pos de su sueño siendo joven y libre ¿entonces cuándo?

Dejó todo y partió al sur a explorar y aprender de construcciones sustentables con materiales naturales. Aprendió a hacer con sus manos un horno de leña de alto rendimiento, una letrina seca y una casa de adobe. Exploró las posibilidades del bambú y distintos tipos de madera para hacer él mismo muebles, techos y repisas. Libre en su espíritu, encontró al amor de su vida allá, decidió trabajar con la tierra, con la vida, con su propia producción de alimento, con fabricar su propio pan. Cada paso que ha ido dando Gabriel lo ha liberado de alguna atadura o expectativa social que lo hacía sentirse limitado. Ahora despierta todas las mañanas con el canto del tucán que se para en la rama del árbol y espera a que él se asome y conversen. Cuando el ave retoma su vuelo después de hacer una serie de rituales y cantos, Gabriel inhala profundo el aire del bosque y siente el espíritu de la naturaleza llenando su cuerpo y su alma.

El hedonista

¿Cómo se reconoce la voz del hedonista interior?
Cuando juzgamos a otros como demasiado controladores, reprimidos o frígidos.

¿Qué lo caracteriza?
El hedonista se entrega al confort, al placer y a los lujos. Busca gratificación inmediata para sentir intensamente su apetito insaciable por la vida. El hedonista que llevamos dentro, sin cuestionarse, permite que cumplamos todos nuestros deseos, desde quedarnos en la cama todo el día

viendo películas hasta comprarnos un coche con asientos de cuero aunque no tengamos dinero para pagarlo. Su naturaleza es seductora y puede inspirar a otros a gozar en su máxima expresión.

Esta voz puede adoptar muchas formas dependiendo de la persona. En unos puede materializarse como "el fumador" que llevan dentro, que seduce haciéndole creer a la persona que es lo mejor que le puede pasar en la vida, pues se trata de la voz de su mejor amigo, el cigarrillo, ese amigo fiel que lo acompaña en todas las batallas y sabe que él o ella "me necesita" y "no puede vivir sin mí". Es una voz que logra colocarse en la vida como "ese que eres" gracias al cigarrillo, tanto en lo social como en su capacidad de pensar y controlar los impulsos. Se hace indispensable y se conecta con todo lo bello y placentero que sucede en la vida de quien habita.

Con distintos grados de intervención e intensidad, puede adoptar otras formas que conducen a las más variadas adicciones: sexo, drogas, compras, comida, alcohol o adrenalina. Todas ellas colocan el placer por encima de todo y protegen a la persona de sentirse desvalida, sola, abandonada o excluida.

¿Cuál es su función?
El hedonista quiere sentirse saciado y experimentar la plenitud, la felicidad a través del placer, para evitarnos el contacto con el dolor, la tristeza, la angustia y la soledad.

¿Cómo puede limitarte?
Si permitimos que esta sea la voz que maneje nuestra vida, nos hará autocomplacientes y nuestras acciones estarán dirigidas por nuestros apetitos. Seremos alguien que rechace las realidades prácticas de la vida en búsqueda de la gratificación inmediata. El exceso de placer es la vía más rápida para caer en el dolor permanente de aquello que tratamos de evitar.

Historia. Gozo, luego existo

Lorenzo desde joven tenía claro que eso de trabajar duro y ganar poco no era lo suyo. Su meta en la vida, aun cuando no sabía cómo la alcanzaría, era ganar mucho y trabajar poco.

Lorenzo es argentino, de padre serbio y madre italiana, pero más parece un europeo del este que un latino. Desde pequeño fue muy talentoso para los deportes. Su padre quería convertirlo en estrella de fútbol pero en la adolescencia aprendió tenis y vio las enormes ventajas de practicar ese deporte más de élite que el fútbol tan popular en su país. Los estudios no eran lo suyo, así que después de perder en competencias internacionales cada vez más reñidas, decidió hacerse entrenador y estudió para ser maestro de deportes.

Fue muy poco el tiempo que trabajó como profesor deportivo en una secundaria de Buenos Aires. El salario, pésimo; las posibilidades de llevar una vida como él la soñaba, imposibles. Tampoco era nada fácil colocarse como entrenador de grandes estrellas. Así que un buen día, a sus 26 años, tomó un buque rumbo a Europa y dejó que la mar y los eventos lo ayudaran a decidir dónde iba a quedarse por el resto de sus días. A Argentina nunca volvió.

Los vientos lo hicieron atracar en Rotterdam y poco a poco se fue moviendo hacia Alemania, el país con el mayor potencial para lograr su objetivo. Sin problema consiguió ser entrenador infantil en Hamburgo, al poco tiempo enamoró a la madre de uno de sus pupilos y tuvo un tórrido romance. Con la fuerza de su meta de vida, logró de pronto vivir con una mujer rica que le pagó viajes, cruceros, playas, contactos sociales que tanto le interesaban y que lo llevaron finalmente a hacerlo entrenador de tenistas semiprofesionales. Luego vino la segunda, la tercera, todas con el mismo perfil. Él, afianzado a su meta.

Hace unos días me escribió desde la isla de Myconos en Grecia, lugar famoso por sus fiestas interminables. Dice que está sufriendo mucho, que esto de gozar tanto durante tanto tiempo, sin saber cómo, se ha convertido en su cruz.

La víctima

¿Cómo se reconoce la voz de la víctima interior?

La culpa de todos tus males son los demás. Como decía Sartre: "El infierno son los otros". Si nos descubrimos constantemente juzgando a la gente que es independiente, autónoma y que toma decisiones por sí misma considerándolas egoístas o individualistas. Pero sobre todo, lo que es necesario para reconocerla es que aquietemos nuestras voces que terminan haciéndonos sentir la "pobrecita" o el "pobrecito" que sufre el abuso de otros, gracias a lo cual nos sentimos impotentes, pero sobre todo, inocentes de lo que nos sucede.

Otra forma en que podemos reconocer a la víctima es grabándonos y escuchando cuánto tiempo de una conversación nos lo pasamos hablando mal de terceros, mientras que nosotros mismos quedamos fuera del tema, como mero receptáculo reactivo de las acciones de los otros.

¿Qué lo caracteriza?

La víctima que llevamos dentro tiene la profunda convicción de no poder con las situaciones que enfrenta y por lo tanto está siempre buscando "apoyo" en alguien, ya sea para que lo rescaten o para culpabilizarlos. Es una voz que cree más en las capacidades de los demás que en las propias y desconfía de uno mismo. Esta voz cree que siempre hay alguien dispuesto a ayudarnos y apoyarnos, y con eso nos liberará de la angustia, sobre todo en situaciones que implican un reto. La voz nos dice todo el tiempo que "no es nuestra culpa" y "no es nuestra responsabilidad", por lo que las carga en los demás, haciéndoles sentir el peso de todo lo que nos sucede. Es una voz que envidia lo que otros tienen y nos hace creer que tenemos derecho a manipular para zafar. Algo muy característico de la víctima que llevamos dentro es la sensación de superioridad moral, es decir, de sentirnos con el derecho "por justicia divina" a ejercer nuestros actos de venganza por eso que él hizo, por aquello que el otro omitió y porque nos hirió.

¿Cuál es su función?
La víctima nos protege de la soledad y de la impotencia de resolver algo por nosotros mismos, cuando existe la posibilidad de que otro lo haga por ellos. Es una voz que permite no cargar con nada para que uno pueda ir por la vida "libre de responsabilidades y culpas", aunque a cambio las proyecte en los demás.

¿Cómo puede limitarte?
Si esta voz tiene el volumen muy alto y es la de mando de nuestra vida interna, probablemente nos conduzca a asumir un papel infantil aunque seamos un adulto mayor. Puede hacerle la vida pesada a la gente que carga con nosotros, sobre todo porque la estrategia fundamental que aplica es la manipulación emocional para lograr sus objetivos.

La víctima que llevamos dentro es además causa de conflicto constante en nuestro interior, a pesar de que la proyectemos al exterior. Es la originadora de los dramas de nuestra vida y la que seguramente se alimenta de estímulos al más puro estilo "telenovela" para darse vuelo. Acaba por ganar las batallas cada vez que haga que nos posicionemos como débil, dependiente y necesitado de protección.

Historia. Es culpa de mi jefe, no mía

Ya nadie aguanta a Julián en la empresa. Su jefe quisiera correrlo, de no ser porque se trata del único que es experto en las líneas de producción y de él depende todo. Si se va, quedan descobijados. Así que lo envían a coaching esperando que cambie su actitud.

—El que tendría que venir a coaching es mi jefe, no yo —dice francamente molesto al comenzar el proceso—. No es mi culpa que

mi jefe sea un inútil, que mis compañeros crean que yo solo tengo que resolver todo y que esta empresa esté enfocada nada más que en explotarnos. La mitad de las cosas que hago cada día en realidad no son mi responsabilidad y así, la verdad, no se puede.

—*¿Y qué es lo que te hace quedarte en la empresa, si al parecer estás tan insatisfecho?*

—*No tengo otra. No me puedo dar el lujo de quedarme sin trabajo otra vez. Cuando me despidieron de la empresa anterior, porque quiero que lo escuches bien, me despidieron injustificadamente, estuve sin ingresos más de un año y no sé qué fue peor, si aguantar a los jefes del otro trabajo o a mi mujer armando bronca para que consiguiera otro.*

—*¿Y cuál fue tu contribución para que te despidieran la vez anterior?*

—*¡Ninguna! Me ha tocado siempre la mala suerte de caer en lugares donde todos se confabulan. Yo creo que me tienen envidia. No me valoran –respira profundo–. Y el peor ha sido siempre el jefe.*

—*Entiendo que te sientes como víctima también ahora...*

—*No me siento... ¡lo soy! ¡el mundo es tan injusto! Y la verdad de las cosas es que mi jefe con sus aires de grandeza para ocultar que no sabe nada es realmente el causante de que no logremos los resultados y estemos en esta crisis. Ya me tiene harto.*

Capítulo 8

Y ¿cómo se da la transformación?

Conócete a ti mismo y conoce a tu enemigo,
y en cien batallas nunca serás derrotado.
Sun Tzu

Una vez conocidos los detalles de cada uno de los guerreros y las voces que nos habitan, surge la pregunta: y ahora, ¿qué hago con esto? ¿Cómo emprendo la transformación para no quedarme atascado en estereotipos o creer que solo soy lo que ahora descubro que no es más que una única voz interna, que no me facilita ser mejor persona y más efectivo en mis relaciones con los demás?

Si se ha llegado hasta aquí en la lectura es porque ya se está preparado para librar la más importante de las batallas de la vida: salir al mundo a explorar la diversidad humana después de haber reconocido la diversidad que habita en uno mismo.

Este camino solo tiene un punto de inicio, pues es de no retorno. Al adquirir un nivel distinto de conciencia sobre nosotros, asumimos también la responsabilidad de cultivar y crecer cada día, con cada interacción, con cada evento. La aventura es realmente maravillosa. Invito a vivirla con curiosidad y gozo.

Recomiendo cultivar lo siguiente:

1. **Reconocer las voces que te conforman.** Si te comprometes con la exploración de ti mismo y reconoces

qué voces conducen tu mente, podrás poner algo de distancia y darte cuenta de los beneficios y también de las limitaciones que vives por ser prisionero de ellas. Y puedes aprender a sostener la tensión entre dos polos opuestos sin tener que comprarte ninguna de las posturas.

2. **Facilitar la reconciliación con tus propias voces.** Dejar de pelearte, juzgarte, culparte o arrepentirte por tener uno u otro aspecto de tu persona que "alguien" considera criticable es un paso fundamental. Propongo observar, agradecer la función que ha ejercido en la vida interior y volverse su líder. Es como tomar las riendas o el control del coche que conduces. Tener conciencia. En la medida en que recuperamos la "amistad" con nuestras voces, mejoran nuestras relaciones con los demás y tomamos mejores decisiones de vida.

3. **Darle voz al líder del equipo interno.** Al darte cuenta de quién se esconde debajo de tu comportamiento, recuperas la libertad. Ser consciente es ser libre, y ser libre es ser dueño de tus pensamientos, de tu vida interior, de tus acciones y resultados.

4. **Abrazar la vulnerabilidad.** Evidentemente es más cómodo ser fuerte que mostrar algo que pueda asociarse con debilidad, y más en una sociedad como la nuestra. Combatirla te lleva a más batallas inútiles. Por ejemplo, alguien identificado con ser amable y buena gente, puede ser que reprima –y por ende, combata– su enojo o agresividad con sarcasmo, con comportamientos adictivos o con enfermedades. Así que ignorar esta voz no es una opción. Mírala, escucha lo que quiere decirte, reconócela y negocia con ella sabiendo que es parte integrante de tu vida. Piensa en la sabiduría de Lao Tsé cuando escribió en el *Tao Te King*:

Y ¿CÓMO SE DA LA TRANSFORMACIÓN?

Lo blando vence a lo duro.
Lo débil vence a lo fuerte.
Si quieres que algo se debilite,
procura que antes se haga fuerte.
Si quieres eliminar algo,
déjalo que antes florezca plenamente.
A esto se le llama conocimiento.

Traer tus voces a la luz, saludarlas, jugar con ellas y asumirlas como parte importante de tu persona te ayudará a realizar ese movimiento en espiral que conduce al centro sin polaridad, al centro del amor incondicional por ti mismo. Ese que tanto anhela todo ser humano.

Pongo un ejemplo. Imagina que tienes una diferencia importante con alguien de tu trabajo. Puede ser que te digas: "Es que ella es una necia aferrada a tener la razón, cuando yo sé que lo que estoy proponiendo es lo correcto".

Este pensamiento puede conducir a una batalla verbal en la que tal vez termine ganando el más gritón o el que tenga más autoridad.

Si por el contrario hablas con esa persona desde este conocimiento, le puedes decir:

—Cuando escucho tu planteamiento, **una parte de mí** piensa que tengo que convencerte porque cree que está mal lo que dices. Pero por otro lado, **hay otra parte** u otra vocecita que me lleva a preguntarte con curiosidad cómo llegaste a esa conclusión para así poder comprenderte mejor. Pues el objetivo no es que gane ninguno de los dos, sino que juntos logremos resolver esta situación.

Ejercicio

1. Piensa en una situación en la que tengas al menos dos partes de ti que no logran ponerse de acuerdo en cómo actuar. Una parte quiere, la otra no. Por un lado deseas una cosa y por otro, quieres también la opuesta.

2. Siente en el cuerpo y conecta con el mensaje que cada una de esas partes o voces te está queriendo decir. Qué defiende, qué la inquieta, qué desea.
3. Toma un papel y anota lo que una y otra voz te dicen.
4. Elige una de ellas y haz una conversación o "entrevista" a esa parte de ti. Por ejemplo: a la parte que quiere decir que sí. Imagina que es un personaje que tienes frente a ti y que te irá dando sus respuestas y tú las vas anotando. Le hablas como a una persona que no eres tú. Esto te ayudará a crear la distancia que necesitas.
5. Anota la pregunta con la mano derecha, y usa la mano izquierda para responder, así sabes que cambias de rol.
6. Hazle preguntas como las siguientes:
    i. ¿A qué quieres decirle que sí?
    ii. Cuando dices sí, ¿qué valores son los que defiendes?
    iii. ¿Para qué quieres que diga que sí en esta situación?
    iv. ¿A qué le temes en caso de que diga que no?
    v. ¿Qué pasaría en mi vida si solo te hago caso a ti?
    vi. Y si tú no estuvieras en mi vida, ¿qué me sucedería?
    vii. ¿Te pareces a alguien que yo conozco?
    viii. ¿De qué tamaño eres con respecto a mí? ¿Más grande o más pequeño?
    ix. ¿En qué parte de mi cuerpo habitas? ¿Te siento en un espacio específico?
    x. ¿Qué necesitas de mí?
7. Siéntete libre de hacer las preguntas que precises. Cuando termines, cambia de posición, estírate, respira profundo y lee lo que anotaste. Recibe el mensaje sin juzgar.
8. Ahora haz lo mismo con la otra parte, la que quiere decir que no.
9. Una vez hechas ambas entrevistas pregúntate: ya que las escuché y soy consciente de lo que les preocupa a una y a otra, ¿de qué manera puedo honrarlas a las dos y decidir sabiendo que ellas son mis aliadas y no mis enemigas?
10. Siente la libertad de decidir colocándote por encima de tus voces antagónicas, a diferencia de hacerlo sintiéndote culpable o inseguro por tomar un camino del que una parte de ti no está convencida.

Sistema Hagakure®

Hagakure es el nombre de un código samurái del siglo XVII escrito por Yamamoto Tsunetomo. La palabra hagakure en español significa "oculto bajo las hojas". Elegí ese nombre para mi empresa y para mi sistema de trabajo con las voces interiores por la bella metáfora y por el fondo que lleva a los valores, la ética y la sabiduría del guerrero samurái.

El sistema Hagakure® se inspira en dicha cultura, que es maestra en el cultivo de la más difícil de las batallas: la que emprendemos para lograr armonía en nuestro interior.

El sistema está representado por un árbol que se alimenta de cuatro raíces de distintos colores que simbolizan las culturas guerreras fundidas una con otra en el tronco. Rojo para el vikingo, como símbolo de la fuerza y el poder; azul para el maya, representando el color del agua que fluye con suavidad entre las piedras; verde por la firmeza terrenal y concreta del espartano, y amarillo para el bereber, color del aire en el desierto.

El tronco tiene además cuatro orejas, y las hojas de las ramas cuatro lenguas para representar esas cuatro formas de escuchar y de hablar que luego se ramifican en la enorme cantidad de voces interiores de cada uno de los guerreros. No importa desde cuál hoja del árbol se hable, pues la rama solo es una parte del mismo árbol y se alimenta de la misma tierra.

El árbol, como arquetipo del ser humano, nos recuerda que a pesar de sentirnos más identificados con uno u otro color, y aunque no nos demos cuenta o no nos guste, somos mucho más que esa "hoja" con la que hacemos nuestra declaración de identidad. Somos un árbol completo constituido por los cuatro elementos, y este se encuentra plantado en un bosque dentro de un ecosistema, y forma parte del globo terráqueo.

La transformación se logra cuando se es capaz de equilibrar los estilos, de integrar esas fuerzas aparentemente opuestas y desarrollar un movimiento de aprendizaje en espiral ascendente que conduce al centro superior del tronco, desde donde la mirada se vuelve más amplia y se posibilita la toma de decisiones con claridad y propósito.

Lo que está en el nivel del suelo representa la superficie de las conductas, lo que es visible, como si fuera la punta de un iceberg.

Oculto bajo las hojas y al fondo, en las raíces, se encuentran los valores y la razón de ser de la persona o de la organización, lo que le da vida.

Los siete pasos del sistema muestran la dinámica de la inmersión y el proceso de toma de conciencia cuando el cliente, ya sea un ejecutivo en un proceso de coaching o un equipo de trabajo, puede observar el todo desde "la copa del árbol", desapegándose de los puntos de vista polarizados que le impedían ver.

> **Para ser capaz de subir a la copa del árbol es necesario antes descender hasta la raíz.**

Sistema Hagakure®

1. Observar dónde se está parado.
2. Atreverse a levantar una hoja y reconocerse.
3. Atreverse a explorar.
4. Atreverse a encontrar la raíz.
5. Salir de nuevo, transformado.
6. Ascender a la copa del árbol y tomar decisiones estratégicas.
7. Disfrutar el camino con libertad interior.

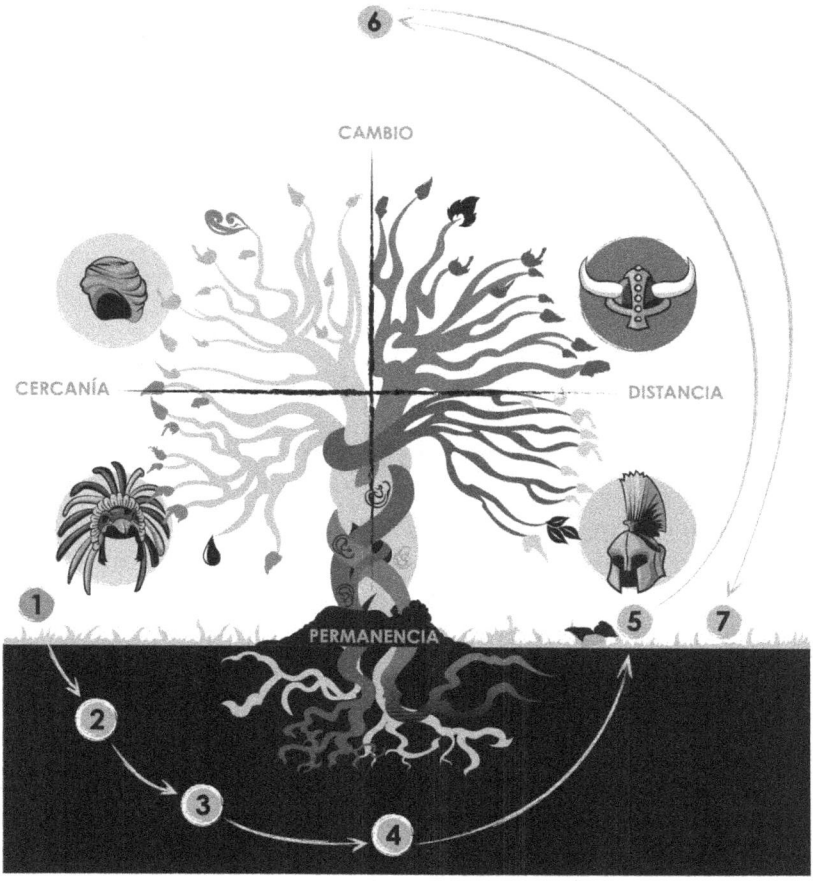

Sistema Hagakure® para desarrollar liderazgo

Trabajar con los estilos guerreros para desarrollar un liderazgo incluyente es la aplicación más importante del sistema Hagakure®, lo que a continuación explicaré. Los resultados de su implementación en entornos organizacionales son:

- Facilita el autorreconocimiento.
- Promueve la reflexión sobre el estilo personal, las áreas de fortaleza y oportunidad.
- Ayuda a reconocer al otro y entender lo que hay detrás de su conducta.
- Proporciona herramientas para entender al otro como un espejo.
- Crea el entorno propicio para la disposición a colaborar con el otro.
- Se conoce a sí mismo desde un enfoque que puede vivirse como lúdico, nada desgarrador o con sensación de entrar en un mundo oscuro y difícil de descifrar.
- Mueve al compromiso y a la apertura, a aprender más de uno mismo y de la diversidad del equipo.
- Utiliza una herramienta con la que todos los miembros del equipo pueden descubrir sus estilos, conversar sobre sus voces internas y ayudarse mutuamente a no atascarse en el discurso de ninguna de ellas.
- Alinea a los miembros de los equipos de liderazgo a partir de alinear primero los equipos internos de cada uno.

Los pasos o momentos del Sistema Hagakure®

1. Observar dónde se está parado

Es poner atención en la situación actual. Identificar el estilo guerrero. El guerrero es un personaje que ha servido para ser vencedor de muchas batallas. Es efectivo, práctico y parece controlado. En verdad se trata de una máscara útil y funcional. Es quien emprende las batallas por nosotros, protege nuestro territorio y nos mueve a huir de las amenazas. Siempre tiene aliados y enemigos, divide, polariza, juzga. Vive en la casa del ego y de la imagen. La de los círculos viciosos.

En una organización, se trata de observar lo que pasa, los patrones de interacción, lo que los une, los conflictos, los resultados y los problemas recurrentes.

La "realidad" muchas veces oculta la verdad. Para ver la hoja y el árbol, el líder debe poder fluir. Cerrarse a mirar solo el detalle conduce a que el contexto permanezca oculto. Instalarse en lo contextual no permite detectar el hilo fino que puede pasar inadvertido. El maestro atiende todas las señales. Desarrolla y entrena sus sentidos para ser capaz de aislar unos de otros.

Observar esa realidad en la que te encuentras habla de los resultados que obtienes, lo que te falta, lo que te inquieta, lo que añoras, a lo que te aferras, lo que juzgas, lo que rechazas, lo que admiras, lo que propones, lo que callas... Y de lo que obtiene, añora, inquieta, juzga, admira, rechaza y calla el otro, ya sea tu equipo, tu colaborador o tu cliente de coaching. Somos espejo fractal uno del otro. Realidad sutil y evidencia manifiesta, ambas pertenecen a este primer nivel de observación. Todo lo que te sucede está relacionado con todo e interconectado por infinidad de hilos invisibles.

2. Atreverse a levantar una hoja y reconocerse

En este nivel se contacta con la voz del guerrero que protege, que se encarga de poner en juego las armas automáticas, las estrategias y tácticas que han sido exitosas en su adaptación al ambiente. Reconocer al protector e identificar su estrategia es la condición *sine qua non* para acceder a la inmersión. Esta es la voz más poderosa, la que identificamos como propia. Esta voz tiene, como todas, su opuesto, su polaridad, su sombra oculta en capas más profundas. Se los coloca en la polaridad que habitan. Llegamos aquí al primer nivel de conciencia.

El código Hagakure habla de un principio: la determinación en la toma de decisiones como aquello que requiere valentía para ver más allá de la superficie.

Para contemplar tu interior, para "mirarte" en toda tu diversidad, hace falta actuar como lo hicieron los maestros de todos los tiempos al momento de ser eficaces: con valor.

La primera mirada casi siempre nos engaña porque se posa en el escudo, en la lanza, y puede ser tentada a desviar la atención del hecho de que un líder, un maestro se construye desde adentro hacia afuera.

Para ser capaz de levantar una hoja, necesitas una escucha sutil. La primera voz que habla por ti es la del guerrero protector que te ha acompañado de forma automática en todas tus batallas. Como líder y como coach necesitas asir la ocasión propicia y levantar la hoja con cuidado. De esta primera mirada depende el elemento crucial del proceso: la confianza en ti como aliado en la aventura de exploración interna.

El maestro sabe que los guerreros están conformados por bloques de voces que se alinean a sus mandatos, que se someten a su arbitrio, que son sus aliados en la estrategia de defensa, ataque o huida. El maestro sabe que mantenerse en este primer nivel implicaría mantenerse en la apariencia, en el escudo, por eso no se queda ahí por mucho tiempo.

3. Atreverse a explorar

Después de haberte atrevido a mirar, confiado, puedes dar el siguiente paso. Para explorar, la presencia atenta es crucial. El foco. La mente abierta. La intuición y la sensibilidad despiertas para acompañar a un nivel más profundo, sabiendo que tienes una lámpara que ilumina el camino de ida y el de regreso.

Cuando descubres que alguien más habita dentro de tu pecho, muestra profundo respeto a quien sea que aparezca. No oses juzgar o burlarte de ningún personaje, pues llevas una vida entera creándolo y usándolo en tu beneficio. La clave de la exploración es la empatía. Honrarlo. Agradecerle. Comprenderlo. Atender su necesidad. Escuchar el mensaje que tiene y los valores que lo sostienen. Ser compasivo.

Uno de los axiomas de los guerreros samurái aconseja tratar los grandes asuntos de manera informal y los detalles como si de ellos dependiera la vida. Y la exploración requiere una absoluta presencia y agudeza para no dejar pasar un único detalle, un guiño, un estremecimiento, un abrir y cerrar de ojos. Ahí es donde se marca la diferencia entre una voz y otra. Distinguir, separar, identificar, nombrar: ahí está el foco de la exploración.

Al descender puede surgir desorientación; el terreno es desconocido. De ahí la importancia de sentirse seguro y acompañado por un maestro que ya haya recorrido ese camino y nos dé confianza en el lugar al que llegaremos.

Escuchar es una de las armas más importantes del samurái. Escuchar no solo a la voz cantante, la que tiene el poder sobre nosotros, sino dar voz a aquellas voces sin voz, para reconocer y poder actuar después. Pero falta algo.

4. Atreverse a encontrar la raíz

La raíz se esconde en lo más oscuro. Es el núcleo de la vitalidad. Es el núcleo del ser, del amor sin tiempo, es donde cohabitan en armonía todos los opuestos; lo más perfecto y lo más oscuro de nuestra naturaleza. Ahí reside la paz de la intemporalidad. Es la semilla que creció y se bifurcó a lo largo de la vida. Tocar la raíz puede durar unos segundos apenas, siendo uno en la experiencia de totalidad.

El fondo parece oscuro, inquietante. Provoca miedo pensar en él. Justo porque ahí reside la unión de opuestos; la convivencia de lo más perfecto y lo más oscuro de nuestra naturaleza. En el fondo cohabitan la bella y la bestia, Dr. Jekyll y Mr. Hyde, el lobo asesino y el artista sublime. Y son tan temidos unos como otros. Es el lugar dentro de nosotros donde todo sucede y en el que todo el universo se refleja.

Tocar la raíz es el momento más frágil, el más comprometido del proceso. Puede durar apenas unos segundos y puede también pasarse en silencio, siendo solo testigo de la experiencia. Cada voz, aun la más rechazada, la más despreciada, la más olvidada, aparece desde tiempo tal vez sin memoria, y debe ser reconocida, honrada e integrada como elemento constitutivo de ese ser humano que se atrevió a tocarla.

Tocar la raíz es conocer en un instante la vía de salida, adquirir la lámpara para iluminar el camino de regreso.

5. Salir de nuevo, transformado

El regreso a la superficie después de tocar fondo implica necesariamente la adquisición de un nivel de conciencia y una luz que antes no se tenía. Es el momento de darse cuenta de motivaciones, intereses, valores y, sobre todo, reconocer esos hilos que habían estado operando ocultos, manejando nuestra mente y nuestra conducta sin nosotros saberlo.

Es un momento clave del proceso. Es tiempo para permanecer en silencio. Sentir a ambas polaridades que están a la derecha y a la izquierda, cerca y separadas a la vez. Y tú en medio. Digerir. Aceptar. Es tiempo para ser. Sin miedo al silencio. Sabiendo que la verdad más profunda es silenciosa. Y que no hay nada que temer del silencio, pues es un silencio creativo; se trata, sin duda, del más elocuente de los silencios. El silencio separa la energía propia de una voz de la multiplicidad de energías que habitan a una persona. Es el momento de procesar. Saber que "eso" que me pertenece no soy yo pero es una parte que me constituye.

Al momento de regresar, la persona ya no es la misma. Se ha llevado a cabo una transformación. La creación de este segundo nivel de conciencia genera un movimiento interno que necesita acomodarse.

Darse cuenta es un paso clave para seguir en el camino hacia el cambio de cultura en la organización. Más poderoso aun cuando es un equipo o un colectivo el que despierta.

6. Ascender a la copa del árbol y tomar decisiones estratégicas

Este es el momento de la estrategia y no de la acción pura. Es el momento de un tercer nivel de conciencia –subido metafóricamente en la copa del árbol– que permitirá diseñar acciones futuras, realizar una nueva alineación del equipo interno, para que sirva a los propósitos de su director general. El tiempo de la estrategia es el tiempo de la libertad para integrar opuestos. Es el tiempo de planear ese ser que desea actuar con todo su potencial. Es el momento de dejar la hoja en el lugar que le corresponde, en el que debe estar para que desde ahí juegue su mejor juego y elija los mejores jugadores que lo conducirán al éxito.

Ahora corresponde elevar el grado de observación. Es el momento de un tercer nivel de conciencia –subido metafóricamente en la copa del árbol– y es posible subir sin esfuerzo. Hay que ver el contexto completo. Este es el momento de la estrategia. Acceder a este tercer nivel de conciencia permite diseñar acciones futuras. Se realiza una nueva alineación del equipo interno que sirva a los propósitos de su líder. El tiempo de la estrategia es el de reconocerse por encima del guerrero. Ser libre al integrar opuestos libres de conflictos. Planear ese ser que desea actuar desde su máximo potencial. Es momento de jugar a ganar, para lo cual elige a los mejores jugadores que lo llevarán al éxito. Es tiempo de mover fichas. Decidir.

Dejar de ver las hojas y la raíz, y observar todo el sistema es una competencia fundamental de un líder. El sistema visto dentro de las redes de estructuras más complejas es la pauta para las decisiones sostenibles en el tiempo.

7. Disfrutar el camino con libertad interior

Es momento de regresar a casa. Este nivel se vive desde la certeza del camino que se desea tomar, desde la claridad. Con la mirada del líder interior. Disfruta. Confía en su meta y en su equipo interno. En este nivel se experimenta la libertad que da el ser dueño de la propia mente, a diferencia de cuando era dominado por guerreros de forma inconsciente.

Crear rumbo, lograr sistemas y estructuras alineadas con las personas dentro de una cultura consensuada, colaborativa y orientada a dar logros son resultado de esa travesía que por momentos parecía oscura o compleja, pero que aquí conduce a decir: "Hemos encontrado el camino de retorno a casa".

Este equilibrio, este fluir sin negarnos a lo que a cada momento surja y nos ayude a mantenernos en la cresta de nuestra propia ola, es una manera de andar, de caminar. Esta es la postura del samurái. Segura. Confiado, atento a cada detalle, sereno, con la certeza que le da la libertad interior.

Gran cantidad de las propuestas de liderazgo se enfoca en desarrollar ciertos tipos de líderes, dejando fuera otros. Prioriza determinados comportamientos y hace todo por desarrollarlos, mientras que anula a los que considera "fuera del carril". Al usar los principios de *Voice Dialogue* creado por Hal y Sidra Stone, se hace evidente que todos los arquetipos casi mágicamente se unifican.

Esta es una apuesta a abrir el campo de un liderazgo multicultural, incluyente, que tome la diversidad como un sobreentendido y no se coloque desde una polaridad para intentar "investigar", como objetos, a todos aquellos que se comportan distinto de mí. Es un modelo que abre el camino al cambio de paradigma con el cual hemos comprendido al ser humano, para mirarlo desde su potencialidad, su grandeza, la abundancia de recursos internos con los cuales enfrenta la complejidad. Desde lo más profundo de su interior hacia fuera, y no al revés.

Si logras dominar las energías, fuerzas o voces que habitan en tu interior, estarás ya en camino a convertirte en un líder exitoso. Es una jornada de toda la vida. Si recorres el camino con amor, respeto, curiosidad y, sobre todo, honrando a cada una de las voces que conforman tu sistema interno, lo importante no es llegar a la cima, sino el trayecto que te lleva hasta allá. Con tu paso te habrás sumado a la evolución que tan urgentemente requiere este planeta, que es una transformación de dentro hacia fuera, de lo individual a lo social.

Los principios Hagakure

El código de Hagakure original está compuesto de 65 preceptos. Tomé los siguientes como inspiración para mi trabajo como coach y consultora, y son los que guían y dan espíritu a nuestro trabajo.

El camino del samurái

La vida es sencilla pero insistimos en complicarla obstinadamente.
Confucio

En Hagakure seguimos el camino del samurái o camino del maestro, que es el camino de vida a través de la transformación personal permanente. Es el camino que nos lleva a descubrir e integrar la polaridad, dado que constituye el problema central de la existencia humana.

El pensamiento y acción del maestro están orientados por la sabiduría que enseña cómo la transformación es el acto más sencillo y para el que damos tantísimas vueltas en nuestra vida. **Y se logra cuando intentamos convertirnos en lo que somos, en lugar de intentar convertirnos en lo que no somos.** ¡Es tan fácil y bello este descubrimiento! Eso que somos es lo que nos distingue como personas y como empresas para dejar nuestro sello y nuestra marca personal. ¿Has pensado, por ejemplo, cuándo un gato ha pretendido ser caballo o un conejo haya querido ser un pájaro? Imposible. Y en nuestra vida, desde nuestra más temprana infancia partimos de la certeza de que algo no está bien en nosotros y que deberíamos ser como alguien más que nunca seremos por más esfuerzo que hagamos.

El maestro aprende que en todo hay siempre más de lo que cree. En todo.

El camino del samurái conduce también al descubrimiento de que nada de lo que nos ocurre es negativo, pues aun el evento más doloroso lleva dentro un regalo que es importante descubrir. Y solo quien está abierto y receptivo encuentra el tesoro, logra llenar lo que parece vacío, y puede mirar aun sintiéndose ciego. "Si conoces a los demás y te conoces a ti mismo, ni en cien batallas correrás peligro." (Sun Tzu.)

La palabra que transforma

El líder es a su palabra lo que el ave a sus alas. La palabra es la medida de nuestra libertad. Cuando sabemos que **"somos dueños de nuestro silencio y esclavos de nuestra palabra"**, lo que sale de nuestra boca nos compromete. De nuestro nivel de conciencia depende el uso liberador o esclavizante de lo que hablamos.

La integridad, la impecabilidad, la confiabilidad, la maestría, todas resultan de la acción de la palabra. Y es lo que nos distingue en Hagakure. Con la palabra acompañamos a nuestros clientes a integrar lo desintegrado, a convertir la debilidad en fortaleza, a distinguir lo bueno de lo malo, a abrazar lo que parecía despreciable, a asumir lo que estaba negado, a legitimar lo que era excluido, a aceptar lo que es.

En el Hagakure se cuenta que Morooka Hikoemon fue requerido un día para confirmar la verdad de sus palabras con respecto a un asunto. Pero él contestó: "La palabra de un samurái es más firme que el metal. Dado que estoy impregnado de este principio, ¿qué más pueden aportar los dioses y los Budas?".

Ahora es la hora

"La hora es ahora" es uno de los preceptos del código Hagakure. Vivir en el presente constituye una forma de estar en el mundo para el líder y para el coach. Es la certeza que nos aleja de la confusión o la distracción. Estamos aquí y ahora es la hora de actuar, no mañana, no después. Solo tengo el momento presente para ser ese que quiero ser.

La maestría en el arte de ser líder no puede lograrse sin pasar por un proceso de descubrimiento y transformación interiores. Necesitas cultivar el cuerpo y el espíritu, mantenerte presente, contactar tu intuición rápidamente, practicar la mejor actitud ante tus palabras, dominar un método secreto y saber que el mejor recurso con el que cuentas es tu capacidad para actuar desde esa voz con la que acompañas a tu organización en el equilibrio que alcanza la armonía y la efectividad.

Un método secreto

El método secreto consiste en mirar donde otros no miran, en poner la atención cuando otros se distraen, en escuchar el silencio. ¿En dónde coloca su atención el líder?

En escuchar consciente, abierto, presente, empático.

En reflexionar y analizar nuestros propios hábitos mentales para no caer en trampas de pensamiento o interpretación.

En amar profundamente lo que hace, pues nuestro compromiso parte de la convicción de que cada persona busca, en última instancia, ser feliz como ser humano, desarrollar su máximo potencial y el de su equipo en la organización para lograr sus metas.

El secreto estriba en que el nuestro es un camino con corazón. Solo desde ahí puede ser andado. Como lo dijo en sus enseñanzas don Juan: "Dominar un método puede ser un tema de aprendizaje. Pero dominar el secreto es asunto del corazón".[34]

La toma de decisiones

El código Hagakure instruye al samurái a tomar cualquier decisión relevante en el tiempo que toma hacer siete respiraciones. No más de siete ni menos. Así se garantiza hacer la pausa suficiente para no caer en la impulsividad y no hacerla tan larga, que se pierda la ocasión de actuar. El tiempo de las siete respiraciones es la oportunidad de desarrollar la inteligencia emocional y de elegir cuál voz interior es la que debe responder en momentos importantes de nuestra vida.

---

34 Castaneda, Carlos: *Una realidad aparte. Nuevas conversaciones con don Juan*, pág. 100. FCE, México, 2008.

Asir la ocasión

El líder con maestría tiene la conciencia de estar con todo su ser al servicio del otro y sabe que **"hay tres cosas en la vida que no se pueden recuperar: la flecha lanzada, la palabra dicha y la oportunidad perdida"**. (Sabiduría africana.)

Todos los instantes son diferentes. Algunos son fundamentales, y para detectarlos y poder utilizarlos en beneficio de cualquier relación es fundamental estar atentos y presentes.

Cuando no se está atento, cuando se vacila, ese momento rico, único, el del primer contacto con la llave que abre la puerta del camino hacia la solución, se disipa y ya no podrá ser rescatado. Se podrá volver sobre el tema, desde luego, pero la efectividad no será la misma. De esto se habla cuando se dice "actuar con maestría".

Los samurái nos enseñan que el arte de resolver, de decidir cuál es el momento oportuno para entrar en acción, no puede ser ejercido con torpeza.

Asir la ocasión es muy distinto que ser oportunista, como se vio en algunas de las voces interiores. El oportunista está al acecho de ocasiones para lanzarse al cuello y sacar provecho personal de ellas.

El entrenamiento

Es la base de todo. La base del éxito. De la satisfacción. Pero ¿qué debemos entrenar y qué no? ¿Cualquier cosa es útil y debe ser entrenada cuando lo que se busca es ser mejor en el camino que se eligió? ¿Hay cosas inútiles? Acaso no las haya, cuando se enfocan desde nuestra conciencia. Si conocemos algo con profundidad, las interpretaciones que hagamos de cualquier otra cosa que se nos presente cobrará sentido para nuestro camino hacia la solución del dilema que se nos plantea cada vez que alguien acuda en busca de ayuda para autoindagarse.

El entrenamiento debe ser constante. Se persigue una meta: la de ser. Pero quien no sabe reconocer que el ascenso es mucho más significativo que la cumbre se pierde la belleza de muchos momentos, porque su mirada está puesta en el futuro, y parece despreciar el presente.

A la hora de entrenar, es útil saber reconocer quiénes serán los maestros que necesitamos. Rara vez, quien busca la maestría la encuentra en un único maestro. Seguramente son muchas las mujeres y los hombres que pueden transmitirnos tesoros desde su experiencia. Y en el camino hacia dentro, son muchas y muy variadas las voces internas con las que necesitamos hermanarnos, a las que requerimos distinguir, darles la bienvenida, escuchar y aprender a amar para que ese entrenamiento nos conduzca a la comprensión de la verdadera compasión hacia el otro y su diversidad interior.

No debemos olvidar que nuestro máximo maestro somos nosotros mismos. El camino del samurái es de dentro hacia fuera. Irradia, expande, ilumina desde nuestro centro.

Cómo ha de ser el samurái

El samurái no se sirve, sino que sirve. Este es su destino.
Un destino que eligió y que ama y por lo tanto respeta.
Sus objetivos no pueden ser bajos.
Su calma no puede ser solo aparente.
Su deseo de victoria debe ser sincero e inquebrantable.
Sabe que el esfuerzo es su rutina. Esto no lo fatiga; más bien lo llena de satisfacción. (Hagakure.)

Miyamoto Musashi, en su célebre *Libro de los cinco anillos*, muestra una guía para aquellos que desean aprender el camino de la estrategia, que aplica tanto a la de gran escala como a la individual:

1. Piensa en lo que es correcto y verdadero.
2. Pon en práctica la ciencia.

3. Familiarízate con las artes.
4. Familiarízate con los oficios.
5. Entiende lo positivo y lo negativo de cada cosa.
6. Aprende a ver todo con exactitud.
7. Date cuenta de lo que no es obvio.
8. Sé cuidadoso incluso en los asuntos sin importancia.
9. No hagas nada que sea inútil.

Capítulo 9

Entrena tu mente, tu cuerpo y tu espíritu

Cuando establecemos lo único, entonces debe haber Dos. Cuando Dos queda establecido, debe haber Tres. Cuando Tres quedó establecido, debe haber una miríada de cosas. Entonces usted tiene todo tipo de divergencia y diversidad. Por lo tanto, disolver lo único es disolver la miríada de cosas. La manera de unir la diversidad no es buscar la unidad. Olvídese de la búsqueda de la unicidad: no se moleste en armonizar nada. El universo ya es armonioso. Los seguidores de las religiones están siempre buscando la paz interior, pero pierden su paz interior en su empeño por buscarla.
Lao Tsé[35]

Ahora es tu hora

En las siguientes páginas comparto distintos pensamientos de autores que han llevado un largo camino de evolución en el desarrollo de la presencia, la atención consciente y la meditación. Esto para ofrecer al lector algunas prácticas con el fin de desarrollar conciencia sobre nuestras voces interiores y la forma de evolucionar en esa espiral que va al centro sin polaridad, donde reconectamos con el amor incondicional por nosotros mismos. Se trata de un camino que he seguido y comparto con quien desee dar el primer paso.

---

[35] Hua Hu Ching: *Las últimas enseñanzas de Lao-Tsé*, pág. 65. Kier, Buenos Aires, 2001.

Los autores que me han inspirado no necesariamente parten de las mismas tradiciones ni presentan la misma perspectiva, y lo que quiero es despertar la curiosidad por acudir directo a las fuentes y sobre todo moverse al compromiso con niveles cada vez más elevados de conciencia de sí mismos. Esta es la única manera en la que podrán ser líderes que inspiren a sus equipos a lograr también una conciencia diferente de quiénes son y cuál es el propósito último que los mueve.

La responsabilidad es grande; el cliente –si se es coach– o el equipo –si se es líder en una organización– va a llegar hasta donde nosotros hayamos puesto nuestro límite. Si no somos capaces de abrir nuestras propias fronteras, aun con la mejor de las intenciones, de forma inconsciente meteremos al cliente o al equipo dentro de los barrotes creados por nuestra propia inconciencia.

Sobre la facultad de la atención

Pocas cosas afectan más a nuestra vida que la capacidad de atención. Si no podemos enfocar nuestra atención no podemos hacer nada bien. Nos será imposible estudiar, escuchar, conversar con otros, trabajar, jugar o dormir. Para muchos, la atención es dispar la mayor parte del tiempo, y más en estos tiempos en que nos enfrentamos a tantos estímulos por el teléfono inteligente y las redes sociales.

La facultad de atención nos afecta de innumerables maneras. Nuestra propia percepción de la realidad está ligada a aquello en lo que fijamos la atención. Solo aquello que nos llama la atención parece real, mientras que lo que ignoramos, sin importar cuán importante sea, nos parece que se desvanece en lo insignificante. Hace más de cien años ya lo señaló William James: "Por el momento, lo que percibimos es la realidad".

Según la forma en que pongamos atención en las cosas,

cada uno de nosotros elegirá el universo que habita y la gente con la que se encuentra. Pero para la mayoría esta elección es inconsciente; es decir, no es una elección libre.[36]

Cuando pienso en quién soy lo que viene a la mente es aquello a lo que hemos venido poniendo atención a lo largo de los años. Lo mismo pasa con la impresión que nos causan otras personas. La realidad que aparece ante nuestros ojos no es tanto la que está allá afuera, sino más bien los aspectos del mundo en los que nos hemos enfocado y las voces interiores que han trabajado por nosotros sin siquiera percatarnos de su existencia. **Los hábitos de nuestro cerebro nos empujan invariablemente a vivir en el pasado**.

La atención siempre es altamente selectiva. Si te consideras un materialista, por ejemplo, hay grandes posibilidades de que te enfoques de manera prioritaria a los eventos y objetos físicos. Lo que no es físico te parece "inmaterial" en el sentido de que no existe realmente; lo ves como un producto o remanente de la materia o energía.

Esta capacidad también tiene un profundo impacto en el carácter y en la conducta ética. Los contemplativos cristianos han sostenido que una mente distraída tiende más a caer en la tentación y el pecado, por ejemplo. Los budistas han reconocido que una mente predispuesta a distraerse fácilmente sucumbe a miles de aflicciones mentales que lo llevan a conductas dañinas.

William James también afirmaba que los genios de cualquier tipo exceden en su capacidad de mantener voluntariamente una atención sostenida. Pensando en músicos, filósofos, escritores o científicos destacados a lo largo de la historia, todos ellos tuvieron una capacidad extraordinaria para enfocar su atención con una alto grado de claridad durante períodos prolongados de tiempo. Una mente en un

---

36 Wallace, Alan: *Minding Closely: The Four Applications of Mindfulness*. Snow Lion Publications, New York, 2011.

estado así es tierra fértil para el surgimiento de cualquier tipo de asociaciones originales y descubrimientos.

> *Es posible que todos seamos genios en potencia. Si tenemos una mente enfocada podemos conectar con nuestra capacidad creadora y traerla a la conciencia.* Por otro lado, una mente que constantemente está pasando de una distracción a la otra durante años, con seguridad está aniquilando su potencial creativo.[37]

La plasticidad de la atención

La atención se puede expandir con el entrenamiento a cualquier la edad.

Mientras nuestras mentes oscilen compulsivamente entre la agitación y el embotamiento, vacilen entre un desequilibrio de atención y el siguiente, probablemente nunca descubriremos la profundidad de la conciencia humana.

Wallace sostiene que no importa el nivel en que uno se encuentre. Cualquiera puede beneficiarse al entrenar su atención. Las herramientas le sirven a cualquiera. En un nivel básico pueden ayudar a prevenir y tratar desórdenes de atención. Para los que tienen una capacidad inicial más desarrollada, los métodos pueden usarse para mantener mejor atención en la vida cotidiana y conducir a un mejor desempeño laboral, salud física y bienestar emocional. Y también son de enorme beneficio para aquellos que buscan descubrir los misterios de la mente.[38]

¿Qué beneficios aporta desarrollar la presencia?

- Establece tu intención.
- Sitúa tu atención.
- Revela tu diversidad interior.

---

37 *Ibidem.*
38 Wallace, Alan: *The Attention Revolution: Unlocking the Power of the Focused Mind.* Wisdom Publications, Boston 2006.

- Abre las fronteras de tu mente.
- Prepara el éxito en la más dura de las batallas: la que libras contra tus propias voces internas inconscientes y contra los hábitos adictivos a las emociones que perturban tu paz interior y limitan tu posibilidad de ser feliz.

El principal obstáculo y enemigo: tu ego protector

El ego, que no es otra cosa que el guerrero con el cual ocultamos al mundo nuestro ser auténtico, es una identidad falsa que elaboramos para protegernos del mundo exterior amenazante. Es algo que se opone a la presencia. Es una voz que opera desde una ficción en la que aparenta ser algo que no es. No es espontánea, sino calculadora. La forjamos para ser aceptados en el grupo social. Y es justo lo que se interpone entre nosotros y la experiencia de la conciencia del presente. Entre nosotros y el aprendizaje transformador.

Hay que saber que el ego es un fenómeno **mental**. El ego nos necesita para vivir erróneamente nuestra experiencia vital, haciéndonos creer que si no podemos saber o hacer algo es porque no es verdad, porque los demás son culpables, porque no ha ocurrido, porque no tiene importancia o no tiene interés. O porque somos defectuosos o estúpidos.

El ego encubre sus limitaciones echando culpas y buscando pretextos para todo. Cuando queremos desarrollar una disciplina como la atención consciente, el ego fabrica todo tipo de excusas internas y externas que impidan hacer contacto con nuestra sabiduría y poder interiores. "No puedo", "esto no es para mí", "esto es para monjes", "mi vida es muy complicada y no tengo tiempo para esto", son algunas de las típicas frases para protegerse del contacto interior.

Así, internamente nos cerramos cada vez que decimos "no puedo esto porque…" o "no soy capaz de hacer lo otro porque…". Activamos el cumplimiento de ese pensamiento limitador. Nos la creemos. Damos todo tipo de argumentos, aun genéticos, para justificarnos. "En mi familia nadie…" Y el ego gana su batalla contra nosotros. Y cada vez que el ego gana una batalla, nuestro ser pierde.

La información que buscamos acerca de nuestra experiencia de vida está a nuestra disposición, siempre y cuando apliquemos **el método correcto de acceso**. El método de la presencia a través de la meditación **no supone pensar. Supone estar abierto a recibir la respuesta desde esa parte de nosotros que lo sabe todo**. Desde la voz del maestro interior.

Lo dicho también subraya una de las razones por las que en el proceso de trabajar con las voces hay que comenzar por crear confianza con esa parte de nosotros que nos protege de sentirnos vulnerables: el ego. **Si él baja la guardia, entonces estaremos abiertos a encontrar otro tipo de respuestas en nuestro interior**. Para el ego, este tipo de conexión es amenazadora. Se va a defender y resistir. Querrá salir con sus juegos mentales y sus discursos de justificación para protegernos. De ahí lo delicado de aprender a quitar esa barrera sin sentirnos amenazados. Es una de las claves para tener una experiencia de transformación personal.

Un líder inflado por el ego no es líder. Ser líder implica trabajar consigo mismo más allá del ego. Alimenta su ser con la profundidad de su propósito y no con los halagos o juegos ególatras que lo hacen perderse a sí mismo por caer en el espejismo.

Es más importante saber preguntar que responder

Cuando entramos en el proceso de presencia vamos desarrollando la comprensión de los patrones de conducta que tenemos cuando nos relacionamos desde ciertas voces internas, y esta comprensión viene a partir de hacernos preguntas antes de iniciar una sesión de meditación.

Para abordar cada pregunta de este proceso hay que saber que el hallazgo de respuestas no es tan importante como saber plantearnos preguntas poderosas, desafiantes, que nos conduzcan a la raíz y no permitan que nos salgamos con excusas y nos engañemos a nosotros mismos.

El hecho de formular una pregunta con sinceridad hace que unos minutos de meditación sean valiosos. Si la respuesta no se hace evidente de inmediato, podemos optar por mantener la mente abierta sobre el tema para dar la posibilidad a que se nos ofrezca la respuesta cuando menos lo esperamos. Muchas veces podrán aparecer en sueños o días después.

En el proceso de ir creando presencia nadie te va a evaluar porque no hay respuestas correctas o incorrectas, ni tus respuestas pueden compararse con las de nadie.

Lo único entonces es hacer las preguntas y mantener la mente abierta para permitir que surjan las respuestas.

Todos tenemos un conocimiento muy limitado de nosotros mismos. Sin embargo, como lo he dicho arriba, hay una voz interior que sí lo sabe todo aunque no seamos conscientes de ella; es la voz que lo sabe todo antes de pensar. Nuestro maestro interior que ha sido testigo de cada experiencia que hemos tenido y lo recuerda todo como si estuviera ocurriendo en este instante. Y es que **la presencia interior no conoce el tiempo. Tampoco conoce el espacio.** Está en el centro, donde no hay polaridad ni juegos del ego.

Podría decirse que la diferencia entre el ego y el maestro interior es que el ego tiene que pensar para comprender, y el maestro interior sabe. **Sabe porque es el testigo permanente de todas las experiencias de nuestra vida.** Mientras el ego se enfoca en el mundo exterior y está determinado por el mundo exterior, el maestro interior es testigo de todas nuestras experiencias internas. Y para él ni tiempo ni espacio son factores determinantes.

La conciencia testigo se mueve como si solo existiera el presente. Y por eso es que cuando recurrimos a eventos que sucedieron en el lejano pasado de nuestra infancia, si no los hemos procesado y no hemos evolucionado en el nivel de conciencia sobre ellos, **los revivimos como si siguieran sucediendo en este preciso momento**.

Cuando activamos la presencia, se despiertan la intuición, la inspiración y la revelación en nuestra experiencia vital. Y esto nos abre al conocimiento sin saber por qué.

Partiremos de que todas las preguntas que nos hagamos serán respondidas inevitablemente, así podremos poner nuestra atención en el proceso de formulación de preguntas útiles y retirar nuestra atención del intento de pensar las respuestas.

Sugiero entonces que mantengamos la mente abierta. Explorar la experiencia de recibir, que nos lleguen las respuestas de la forma en que lo hagan. Podemos iniciar planteando preguntas como las siguientes:

- ¿Cuáles son las preguntas que me estoy haciendo sobre mi liderazgo en este momento de mi vida?
- ¿Qué inquietudes están detrás de mis acciones?
- ¿Cuál es la pregunta central de mi vida el día de hoy?
- ¿Cuál es el motor que movió mi decisión en tal situación?
- ¿A qué le temo?
- ¿Desde qué voz interna fue que actué en X o Y circunstancia?
- Si me hubiera sentido 100% libre de miedo en esa ocasión, ¿qué habría hecho distinto?
- ¿Qué voz interna me está limitando? ¿Qué cosas me digo a mí mismo que impactan en mi forma de relacionarme con los demás?

Experiencia en tres dimensiones

Es importante saber que para integrar nuestras experiencias las tenemos que **abrazar física, mental y emocionalmente**.

De hecho, así está diseñada la meditación. Primero hay

que tomar una postura física para prepararnos, luego adoptar una disposición mental y después aparece la experiencia emocional. Y por eso es tan poderoso el sistema de trabajo con las voces interiores, pues incluye las tres formas de contacto, a diferencia de otros aportes meramente racionales o los que se quedan en el trabajo emocional o corporal sin incluir los otros dos.

Esta es la clave secreta del trabajo con las voces interiores: se realiza de forma simultánea con lo físico, lo mental y lo emocional para separarnos de nuestra sobreidentificación con una forma de ser, para ser capaces de expandir nuestra experiencia de quienes somos y así vivir abrazando las polaridades que nos habitan.

Al practicar la presencia, las polaridades empiezan a disolverse y fundirse en la experiencia de la unidad, del amor incondicional.

Sugerencias para esta travesía

- No juzgues tu experiencia. Debes tener claro que la mente siempre querrá regresar a la comodidad de lo conocido y hacerte claudicar en el intento de meditar, con frases como "no sirvo para esto", "no es lo mío".
- El viaje no necesariamente es fácil o placentero.
- Enfócate en que la experiencia sea real.
- Concentra tu atención en abrirte a no saber, y para eso cambia tu relación con el procedimiento de la pregunta y la respuesta. Concéntrate en la pregunta y no en la pretensión de encontrar una respuesta.
- Ábrete a la experiencia de recibir un movimiento interno que vaya:
  - Desde el hacer al ser.
  - Desde el ver al mirar.
  - Del oír al escuchar.

- De la apariencia a la presencia.
- Del desequilibrio al equilibrio.
- De la separación a la unidad.
- De la reacción a la respuesta.
- De lo no auténtico a la autenticidad.
- De la fragmentación a la integración.
- De la venganza y la culpabilidad al perdón.
- De la queja y la competitividad a la compasión.
- Del actuar inconsciente al actuar consciente.
- De buscar la felicidad a dejar que llegue la alegría
- Desde el vivir en el tiempo a vivenciar la conciencia del instante presente.[39]

Dejar de hacer para ser

Todos estos movimientos hablan de un único cambio perceptivo que no puede alcanzarse intentándolo. Solo se alcanza no haciendo.

Frecuentemente, cuando entramos en experiencias como la meditación, lo que hacemos es pretender cambiarnos a nosotros mismos. Error grave. Y la verdad es que lo único que podemos cambiar es la calidad de nuestra experiencia. Podemos integrar y abrazar nuestra enorme y rica diversidad interior. El principio de intención para entrar en este proceso no es querer cambiarnos sino, por el contrario, **aceptarnos incondicionalmente en toda nuestra contradicción y amarnos también incondicionalmente**. Nadie más lo hará por nosotros.

No percatarnos de esta poderosa verdad es lo que nos lleva a un interminable HACER externo. Creemos en la falsedad de que para ser felices tenemos que hacer muchas cosas, tenemos que cambiar.

---

39 Brown, Michael: *El proceso de la presencia*. Ediciones Obelisco, México, 2012.

"Somos SERES humanos, no HACERES humanos".[40]

Recuerda que tú no eres tu comportamiento ni tu circunstancia. Tú eres mucho más que eso, mucho más que cada una de las voces que te habitan.

Hay una metáfora que usa Michael Brown y me parece muy atinada. Él dice que en este intento que hemos hecho por cambiarnos es como si tuviéramos una radio y para sintonizar la emisora que quieres la llevas por todo el cuarto, la pintas de otro color, le cambias los botones y luego te quejas por no haber sintonizado la estación deseada y haber quedado desgastado en el intento. Tantas cosas hiciste y no lograste tu objetivo.

La clave entonces es NO HACER. Bajo el principio del Aikido:

"Hacer sin hacer haciendo"[41]

Lo único que se pide es crear los cimientos en el silencio y la quietud interior donde espera nuestra presencia.

Meditación

Meditar significa "conocer algo" en tibetano. Para conocer algo hay que observarlo. Por lo tanto, es sinónimo de autoobservación y crecimiento personales.

También significa "autocultivarse" en sánscrito.

El proceso de la meditación consiste en dejar el hábito de ser el mismo de siempre y reinventarse, desprenderse de la inconciencia de tu mente y crear conciencia, eliminar conexiones sinápticas y generar otras.[42]

El resultado del proceso de crear presencia a través de la meditación es que logras trascender las más básicas de las

---

40 *Ibidem.*
41 Moreno, Gerardo: *El arte marcial centrado en la vida.* Centro Comunitario México, 1996.
42 Dispenza, Joe: *Deja de ser tú mismo.* Ediciones Urano, México, 2012.

variables y moverte a estar presente sin cuerpo, sin espacio, sin tiempo.

La práctica de la meditación se basa en la no violencia y en la no dualidad. No tienes que pelearte contigo. No tienes que luchar contra tu cuerpo, con tu odio ni con tu ira o el dolor. Abrázalos con la misma ternura con la que acunarías a un bebé. Tu ira es tuya y no debes comportarte violentamente con ella; y lo mismo podríamos decir de cualquier emoción.

Propongo este camino planteado por el budista Thich Nhat Hanh: iniciar con la respiración. Trátala amablemente. Respétala y permítele ser tal cual es. Inhala. Si la inhalación es corta, permítetelo, y si es larga, permítetelo también. No intervengas ni fuerces tu respiración, a menos que tengas una intención concreta en momentos específicos para empezar o terminar fases de tu práctica.

Durante la meditación mira tu respiración como si estuvieras contemplando una flor: déjala ser tal cual es, consciente del milagro de estar tú presente con ella. Del mismo modo en que no pretendes que la flor sea otra cosa, tampoco debes empeñarte en que tu respiración sea de otra manera.

Pasa luego al cuerpo. Abraza tu cuerpo con la atención plena, libre de odio, violencia o reproches. Se trata de que practiques el amor verdadero a tu cuerpo. A cada parte de tu cuerpo, de la punta del cabello a la de las uñas de los pies.

Cuida también no caer en un enfrentamiento entre el bien y el mal, pues ambos te pertenecen. Recuerda que el mal puede convertirse en bien y viceversa. Imagina que a lo que llamas mal el día de hoy puede metafóricamente ser el estiércol que tú como jardinero usarás pronto para abonar la tierra en la que sembrarás unas rosas muy bellas. El estiércol contribuye a dar forma y color a la más bella de las flores. De igual manera, aquello que crees "malo" o "sucio" o "basura" pueden ser los cimientos de las más bellas creaciones en tu vida.

> *Piensa que eres el jardinero que tienes en tu poder transformar la basura en flores, frutos y vegetales. No tengas miedo a la basura, pues tus manos son capaces de transformarla en flores, lechugas o pepinos.*[43]

El primer milagro de la atención plena es que estás aquí, tanto para ti como para las personas a las que amas. ¿Cómo podrías amar si no estuvieras aquí? Una condición fundamental del amor es la presencia. Y estar presente no es muy difícil. Basta con cambiar tu pensamiento y empezar a respirar plenamente.

> *Debes ejercitar la resurrección, una práctica, por cierto, muy sencilla y cotidiana. Gracias a la inhalación, tu mente regresa a tu cuerpo. Así es como revives el aquí y el ahora. La alegría, la paz y la felicidad son posibles. Tienes una cita con la vida, una cita a la que solo podrás acudir cuando estés en el aquí y el ahora.*[44]

Regla de oro

> Si entramos en una actividad física, mental o emocional para sentirnos mejor –con una intención de manipular nuestras circunstancias para sentirnos más cómodos dentro de ellas– lo más probable es que estemos "haciendo" y no siendo.

Ser no es "un medio para un fin".
Ser es el medio y el fin.

El amor incondicional solamente despierta de manera auténtica dentro de la resonancia de:
- Ser con nosotros mismos así como somos, sin agregar ninguna condición al hecho de ser.
- Quince minutos de ser sin condición, consistentemente, cada día, dirigidos al punto causal de nuestra

---

43 Thich Nhat Hanh: *Estás aquí: la magia del momento presente.* Kairós, Barcelona, 2011.
44 *Ibidem.*

incomodidad, logra más que todos nuestros interminables actos.

No hacer es ser
- En este punto, nuestra práctica consciente de "no-hacer" es como una necesidad.
- No-hacer se convierte en nuestra forma de ser. Hacemos la transición de "humanos haciendo" a "humanos siendo".
- Por ello, percibimos el mundo a través del ojo de ser, no de los ojos de hacer.
- Así, el mundo se transforma ante nosotros y a causa de nosotros.

Práctica de meditación de 15 minutos
(Puede ampliarse a 15 minutos en cada parte)

Primera parte

Elijo la intención de mi práctica. Recuerdo la emoción o la situación que quiero observar. Pongo atención a la incomodidad que me genera y la parte del cuerpo en que la siento. Y hago una pregunta.
Suelto. Mi intención no es echar la maquinaria a andar para responder desde el ego. Me abro a recibir.

5 minutos
Inhalo y pienso: aquí.
Exhalo y pienso: ahora.
Inhalo y pienso: estoy.
Exhalo y pienso: presente.
Nota: al enfocar nuestra mente en estas cuatro palabras nos ayudamos a soltar el río de pensamientos habituales.
No trato de cambiar el ritmo normal de la respiración.

Transición
Exhalo lentamente todo el aire. Dejo una breve pausa. Al ir inhalando, voy contrayendo todos los músculos internos desde el piso pélvico, abdomen bajo, costillas y llevo conscientemente el aire a la cabeza. Retengo 20 segundos o lo que más pueda.
Exhalo por la boca.
Repito tres veces.

Segunda parte

5 minutos
Llevo ahora mi atención al entrecejo y me centro en la mirada. Ya no atiendo la respiración pero sigo repitiendo internamente
Aquí.
Ahora.
Estoy.
Presente.

Transición
Exhalo lentamente todo el aire. Dejo una breve pausa. Al ir inhalando, voy contrayendo todos los músculos internos desde el piso pélvico, abdomen bajo, costillas y llevo conscientemente el aire a la cabeza. Retengo lo que más pueda.

> Exhalo por la boca.
> Repito tres veces.
>
> **Tercera parte**
> **5 minutos**
> Suelto el pensamiento y llevo mi atención a escuchar: primero los ruidos de afuera y poco a poco me enfoco en escuchar cualquier ruido que haga mi cuerpo, en escuchar el corazón, los intestinos, cualquier pulsación interna. Me quedo abierto a recibir.
>
> **Cierre**
> Exhalo lentamente todo el aire. Dejo una breve pausa. Al ir inhalando, voy contrayendo todos los músculos internos desde el piso pélvico, abdomen bajo, costillas y llevo conscientemente el aire a la cabeza. Retengo 20 segundos o lo que más pueda.
> Exhalo por la boca.
> Repito tres veces.
> Me quedo en silencio.
> Observo si viene alguna respuesta a lo que pregunté al inicio.

Como dijo Confucio, todo camino de mil millas comienza con el primer paso.

Tú eliges si lo das hoy.

ANEXOS

Breve descripción de las culturas que dan origen a los estilos guerreros

1. La cultura vikinga

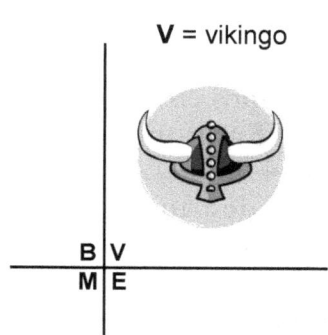

V = vikingo

Al vikingo lo ubiqué en el cuadrante superior derecho de la **matriz de polaridades**. Se corresponde, en el eje horizontal del espacio, con la preferencia por la distancia. Y en el eje vertical de la percepción del tiempo, con el cambio.

Riemann[45] describe como características de este cuadrante la determinación, la orientación a resultados, el aguerrido espíritu de aventura y la necesidad de tener el poder, entre otros rasgos que hemos visto en las voces interiores del estilo.

Elegí la cultura vikinga para representar este cuadrante por ser en general conocida por cualquiera en puestos gerenciales y por el simbolismo que hay detrás de sus peculiaridades.

Los vikingos son identificados como los exploradores natos, dispuestos a arriesgar todo por abrirse camino en tierras indómitas y luchar contra los enemigos naturales del

---

45 Riemann, Fritz: *op. cit.*

hielo, la ventisca y la tormenta. Era un pueblo de pueblos. Navegantes sin par. Y aventureros. Fueron capaces de llegar a los territorios más insospechados. Y algo que los distinguía era que después de diezmar territorios no se interesaban por quedarse administrándolos, como lo hacían los romanos. A los vikingos los motivaba el reto, no la apropiación de territorios. Una vez vencido un enemigo, buscaban uno nuevo que les representara un desafío aún mayor.

Fue uno de los pueblos que mejor utilizó los barcos en todas sus acciones. Eran diestros, certeros, ágiles y feroces sobre las olas. Sus barcos eran estrechos, ligeros y de madera con un casco de poco calado, diseñados para una navegación rápida y fácil en aguas pocos profundas. Me imagino que podrían equipararse con los vehículos todoterreno que tenemos en la actualidad.

En distintas narraciones sobre las invasiones vikingas en el sur de España se describe cómo no solo llegaban a matar y destruir todo lo que veían, sino que además pasaban buena parte del tiempo peleando entre ellos y matándose los unos a los otros. Como todo vikingo, querían ser el líder, no aceptaban ser dirigidos ni por su propio hermano.

Además de guerreros implacables, eran un pueblo rico en cultura, en tradiciones, con creencias complejas y un sistema democrático avanzado, con lo cual representaban una sociedad más desarrollada que muchas de la época. Eran hábiles comerciantes, administradores y artesanos del metal y la madera, que producían hermosas joyas y artefactos que han sobrevivido hasta nuestros días. La mujer tenía más derechos que las de otros lugares de Europa en esos tiempos: todo lo que la mujer llevaba a un matrimonio era de ella, y no pasaba a formar parte del patrimonio del esposo. Contaba con autonomía y poder dentro de la comunidad.

Existe un libro sagrado vikingo, el *Havamal*, en el que se describen "Las nueve nobles virtudes" con las cuales se los educaba: coraje, verdad, honor, fidelidad, laboriosidad, hospitalidad, disciplina, confianza en uno mismo y perseverancia.[46]

Si algo vale la pena hacerse, un vikingo lo hará bien. "Hazte responsable de tener un nivel más alto de lo que cualquiera esté esperando de ti. Nunca te excuses."[47]

2. La cultura maya

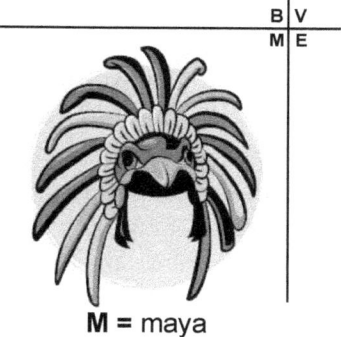

M = maya

El estilo Maya está en el segundo cuadrante de la Figura 1, en el polo opuesto al vikingo. Se encuentra en la intersección de cercanía –en el eje del espacio–, y de seguridad y permanencia en el eje del tiempo.

Riemann describe a las personas de este cuadrante como aquellas con un don para ser empáticas y encontrar el punto medio entre posturas opuestas. Se las refiere también como las que cultivan las tradiciones, la vida en familia y las costumbres. Cuidan las relaciones y las cosas, y les cuesta trabajo adaptarse a los cambios.[48]

Colocada en el polo opuesto de la vikinga, la cultura maya resalta justo por ser la más comunitaria de todas.

Establecidos en el sureste mexicano y en buena parte de Centroamérica, en un medio selvático, el pueblo maya estaba formado por una compleja red de ciudades que se gobernaban de forma más o menos independiente unas de otras, pero que tenían alianzas entre sí. Uno de los rasgos más sorprendentes de las pirámides y construcciones es su complejidad

---

46 Haywood, John, *Vikingo: el manual del guerrero nórdico*. Akal, Madrid, 2014.
47 *Ibidem*.
48 Riemann, F.: *op. cit.*

arquitectónica, especialmente considerando que no tenían a su disposición metales, rueda o animales de carga.

Los mayas cargaban pesadas losas a través de la selva ayudados por un mecapal: un aparato que consiste en una banda, hecha de algodón, que va sujeta por sus extremos a dos cuerdas, con las cuales se sostiene el objeto que se carga. La banda se colocaba en la frente del cargador para protegerlo, ya que su cabeza y cuello tenían una doble función: en primer lugar equilibraban el bulto a partir de la frente, y en segundo, distribuían el peso por todo el cuerpo del cargador, para que no hubiera un solo músculo que no recibiese parte de la carga. El mecapal se usó para transportar todo tipo de objetos.

El uso del mecapal requiere que el cuerpo se incline hacia adelante, como si se hiciera una reverencia. Y esta imagen del maya puede observarse en la mayor parte de la iconografía y de los códices. El guerrero maya es, pues, "el que carga un enorme peso sobre sus espaldas".[49]

El maya es uno de los espíritus más comunitarios que existe. Hay una legendaria costumbre de los pueblos de la región de reunirse en asamblea para decidirlo todo por acuerdos, en la comprensión de que "con los acuerdos amanecen los mundos".[50]

El lenguaje como manera de nombrar y leer el mundo juega un papel primordial en la cultura maya. En su estructura gramatical, con la que describen el mundo, solo hay sujetos; los objetos no figuran, no existen. Se trata de lenguas intersubjetivas, como revela Carlos Lenkersdorf[51] después de haber vivido veinte años en una comunidad tojolabal.

También es interesante la explicación y concepción del tiempo. Los mayas no tienen una noción fija del tiempo que divide el pasado, presente y futuro, sino una temporalidad

---

49 Lenkersdorf, Carlos. *Los hombres verdaderos*. Siglo XXI, México, 1996.
50 *Ibidem*.
51 *Ibidem*.

que los une en un continuo devenir.⁵² El sentido del tiempo lineal tal y como lo conocemos es uno de los temas más complejos de tratar para el maya, ya que su enfoque es construir con el otro, a través del diálogo, cualquier forma de acuerdo, sin estar presionado por entidades como la temporalidad u otros límites externos.

Otra peculiaridad de este pueblo tiene que ver con el sentido de "identidad", el cual no existe como tal en su lenguaje. La sabiduría maya regala al hombre moderno lo siguiente: "Todos somos a lo largo de nuestra historia el mismo o la misma, pero no somos **lo mismo**, simplemente por ser seres en constante evolución e interacción con el otro".⁵³

¿Cómo se reconoce entonces al "yo" en lengua maya? Por el hecho de que no hay un "yo" sin el otro y que nadie es más que el otro, pero sí menos sin el otro… Así que en la cultura maya todo conduce a la comunidad como el eje de la vida y a la fusión de uno con los demás.

Las mujeres tenían un papel muy importante durante el período postclásico, como sacerdotisas, adivinadoras y sanadoras en centros de peregrinaje. "Cuando encuentras oráculos que son controlados por mujeres, eso le da más textura a las relaciones de poder que existían en la cultura maya."⁵⁴

Hay un dato interesante que sostiene el mismo autor: "La primera persona que los españoles conocieron a su llegada al continente fue una mujer y pensaron: '¿Qué clase de cultura podía ser capaz de enviar a una mujer para hacer su primer contacto con los extraños?'. Y dado que rechazaron hablar con ella, fue enviado un hombre para tratar con los españoles".⁵⁵

---

52 *Ibidem.*
53 *Ibidem*, pág. 67.
54 Patel, Shankari: *Viaje a Oriente: peregrinación, política y género en el postclásico Yucatán.* Asociación Americana de Antropología (AAA) de la Asociación Feminista Americana (AFA). http://newsarchive.medill.northwestern.edu/chicago/news-202656.html.
55 *Ibidem.*

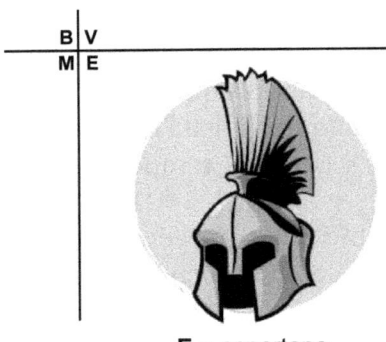

E = espartano

3. La cultura espartana

Coloqué al espartano en el cuadrante tres de la Figura 1. En el eje del espacio, su tendencia es a la distancia, mientras que en el del tiempo lo es la seguridad y estabilidad.[56]

Esparta era una ciudad de la antigua Grecia que alcanzó su mayor poderío económico y militar sobre el año 650 a.C. Esparta optaba por la vía militar para solucionar sus problemas, a diferencia de otras ciudades griegas que habían recurrido a la fundación de colonias. En la Guerra del Peloponeso, en el siglo V a.C., Esparta derrotó a Atenas y pasó virtualmente a gobernar toda la Grecia antigua.

Aunque Esparta nunca llegó a tener tantos habitantes como Atenas y en la actualidad solo quedan ruinas de la antigua ciudad, su idiosincrasia fascinaba a los demás griegos y la admiración por su cultura ha pervivido hasta la actualidad. Si los estoicos en la antigua Grecia eran el ejemplo de la vida centrada en cultivar los principios de la razón, la sencillez, la sobriedad, la serenidad y la capacidad de enfrentar la adversidad con fortaleza de espíritu, los espartanos estaban a millas de distancia. Organizaron una disciplina férrea digna de admiración

El pensamiento estratégico era bastión de esta cultura que entrenaba las más altas habilidades bélicas, así como el hecho de que nunca se rindieran ante un enemigo. "Vencer o morir" era la máxima de sus guerreros. Un soldado espartano valía lo que varios hombres de cualquier otro Estado. Existe la famosa frase de los espartanos:

---

56 Riemann, F.: *op. cit.*

> "Los hombres podrán cansarse de comer, de beber e incluso de hacer el amor, pero no de hacer la guerra."

Un auténtico espartano debía ser hijo de padres espartanos, haber recibido la educación espartana y vivir como espartano. Había tres clases sociales claramente diferenciadas, una de las cuales estaba constituida por una minoría privilegiada que poseía las tierras, ocupaba los cargos públicos en forma exclusiva y concentraba el poder militar. Los trabajos manuales y de la tierra eran considerados tareas denigrantes para ellos, las tareas agrícolas eran propias de los hombres que vivían en Esparta pero que no eran ciudadanos.

El espartano (no era solo el guerrero el que buscaba la perfección sino toda la sociedad) buscaba la perfección en todo. Apenas nacido, el bebé era examinado por una comisión de ancianos para determinar si era sano y bien formado. En caso contrario se lo consideraba una boca inútil y una carga para la ciudad, y era lanzado por el acantilado. Los sanos eran criados con miras a endurecerlos y prepararlos para su futura vida de soldado.

Hay un hecho en esta cultura que me llama poderosamente la atención. Desde el siglo VIII a.C., Esparta fue gobernada por dos reyes simultáneamente, cada uno perteneciente a dos dinastías. Los miembros de ambas familias no podían contraer matrimonio entre sí y sus tumbas se hallaban en lugares distintos. Ambos reyes tenían igual rango. Este sistema político es lo más parecido a la balanza de la justicia, ya que la equidad en el reparto del poder generaba también equilibrio en las decisiones importantes; pero lo más interesante es que gracias a que había un segundo rey, se controlaban el uno al otro.

Otro dato de interés es que también tenían el llamado Colegio de los éforos, que fue lo más parecido a un poder ejecutivo moderno. Los éforos estaban encargados de supervisar a los reyes y al resto de los habitantes de la ciudad, verificando incluso el aspecto físico de las personas. Eran quienes vigilaban el respeto a las tradiciones, imponían sanciones y penas de prisión (incluso a los mismos reyes) y podían ordenar ejecuciones –de manera similar a como ahora lo hacen las áreas de contraloría de las organizaciones y las de transparencia de los gobiernos. También se hacían cargo de los asuntos exteriores, ejecutando las decisiones de la asamblea (presidida por ellos), ordenando movilizaciones y tomando cualquier decisión urgente que fuera necesaria.

Entre los espartanos destaca la importancia que adquieren las divinidades femeninas, particularmente Atenea, bajo gran número de advocaciones: la diosa de la guerra, de la civilización, de la sabiduría, de la estrategia, de las artes y de la justicia. Es también una divinidad virgen, cuyo corazón es inaccesible a la pasión del amor, y que rechaza el matrimonio.[57]

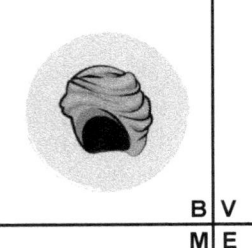

B = bereber

4. La cultura bereber del Sahara

En el último cuadrante, el cuatro, coloqué el estilo que se contrapone al espartano: el bereber del desierto, que vive en las regiones del norte de África, en especial en Túnez.

La historia del pueblo bereber es extensa y diversa. Sus antepasados más antiguos se establecieron en el este de Egipto. Son muchos los testimonios de textos griegos, romanos y fenicios que hacen mención de este antiguo pueblo. En realidad,

---

57 http://www.historialuniversal.com/2009/07/religion-esparta-divinidad-sacrificios.html

bereber es un nombre genérico dado a numerosos grupos étnicos heterogéneos (incluidos los tuareg) que comparten prácticas culturales, políticas y económicas similares.

Cada cultura otorgó distintos nombres a estos guerreros. Los griegos los conocían como libios, los egipcios como mashauash y los romanos los llamaban mauritanos. Los europeos medievales los incluían entre los moros, nombre que daban a todos los musulmanes del norte de África.

Las culturas del Sahara nos han brindado a todos los habitantes del planeta un riquísimo legado de adaptación humana a los ambientes más inhóspitos y duros. En el desierto se encuentra la frontera de la vida. El Sahara libio ostenta el récord mundial de calor (57,8 °C) y, sin embargo, es capaz de helarnos hasta los huesos en una noche de invierno. Es una máquina del tiempo en la que el pasado nos propina un bofetón y, si nos detenemos allí más de lo necesario, termina por afectar las nociones sobre la vida que dábamos por sentadas.

Fueron los bereberes quienes abrieron las antiguas rutas comerciales entre el África occidental y el África subsahariana. Eran los responsables de la llegada a las ciudades del norte de los productos de más allá del Sahara. De allí, eran distribuidos al resto del mundo.

Construyeron un sofisticado sistema de irrigación que les permitió cultivar trigo, sorgo, cebada, palmas datileras y olivos. Sus canales conectaban con el agua subterránea y la conducían hacia los campos sin la menor pérdida por evaporación; de hecho, aún es posible detectar cerca de mil kilómetros de dichos canales. El sistema funcionó bien durante siglos, hasta que comenzó a agotarse el agua "fósil", almacenada en antiguas épocas de lluvia, y la civilización finalmente colapsó.[58]

---

58 Bowden, Charles: *El Sahara inadvertido*, http://www.ngenespanol.com/fotografia/lo-mas/11/07/25/sahara-inadvertido), 2015-01-08

En el desierto solo existe el cielo azul con su exceso de luz y su dolorosa ausencia de nubes. El silencio impide que se den pensamientos en cadena y transporta al origen de la vida, pues lo único que se escucha es la propia respiración y el pulso. Es un lugar donde el pasado nos habla desde la arena, las rocas, el calor y los vientos áridos.

El desierto, por su propia naturaleza, poliariza; unos lo idolatran y otros lo aborrecen. En el Egipto faraónico se ubicaba la ciudad de los muertos. Por el contrario, en la cultura bíblica, es en el desierto donde Dios se aparecía a los profetas. Lo que sí ha sido un hecho a lo largo de la historia, es que en el lugar más caliente del planeta es donde han florecido los regímenes más totalitarios que dirigen a sus pueblos con la mayor sangre fría imaginable, famosos por ejercer el poder con "brazo y espada de hielo".[59]

El pueblo bereber ha estado en contacto con numerosas lenguas desde la antigüedad: el púnico en un principio, de Cartago (fundada en el 814 a.C.), y otras lenguas fenicias; con el latín durante los siglos de dominación del imperio romano y el período cristiano; el árabe desde la conquista del norte de África y la islamización de los bereberes (desde principios del siglo VIII por los árabes); el español o el francés durante la colonización por parte de esos estados. Pero es sin duda el árabe, después de trece siglos de relación, el más presente.

La vida dentro de las tiendas ha sido conducida por las mujeres bereberes:

> *Durante siglos, las mujeres suelen encontrarse todas las noches de Luna nueva para contarse historias transmitidas de generación en generación y, siempre, secretamente hacia los hombres. Nunca comienzan sus narraciones sin haber creado el ambiente adecuado para iniciar con suavidad las emociones que se disponen a exteriorizar. El honor principal de iniciar estas veladas suelen dárselo a la anciana mayor quien inaugura el acto, entran entonces en un*

---

59 *Ibidem.*

> *trance buscado, en un mundo mágico donde todo es posible. Es una forma que tiene la mujer de limitar su espacio, ya que existen muchos lugares prohibidos a los que no pueden acceder.*[60]

Por eso, han mantenido de manera clandestina este espacio para la palabra oral no solo para contar historias, sino para curarse el alma, la pena, la locura. Al igual que los cuentos de Sherezade, no se trata de historias sobre el culto a la belleza, sino sobre la supervivencia. El objetivo de tales reuniones es contar algo que sirva para tener amor, para aliviar toda esa tristeza y miseria.

Históricamente han sido muy supersticiosas y dadas a hechizos y embrujos hacia el marido para conservar el amor y la fidelidad. El matrimonio era y sigue siendo el destino inevitable de la mujer bereber, y generalmente a muy temprana edad.[61]

Para el bereber la caravana es garantía de supervivencia. Sin la caravana no hay base, está perdido, es nada, en cualquier instante puede ser tragado por una tormenta de arena. Tiene bien claro que en el desierto no se trata de ser un gran héroe que ejecute enormes hazañas, sino más bien de ser capaz de asimilar la resistencia de un grano de arena, pues solo el grano de arena podrá ser parte duradera de ese paisaje.

"Cuando en el desierto quieras escuchar cómo el grano de arena te cuenta la historia de cada grano de arena, sabrás que finalmente te convertiste en escucha de la voz del infinito."[62]

Para el bereber, el agua –origen y fuente de vida– es el más escaso de los bienes. Esta cultura ha desarrollado una habilidad como ninguna para sacar provecho de cada gota

---

60 Hammú, Mohamed: *Sherezades. Cuentos de mujeres beréberes*. Ediciones Palabras del Candil, Cádiz, 2011.
61 *Ibidem*.
62 Baumann, Bruno: *Der Wüstengänger*. Malik Verlag, Munich, 2007.

de agua y crear los sistemas hidráulicos más perfectos. El agua es elixir de vida. El guerrero bereber necesita carencia para crear conciencia. El agua no solo es un elemento, como el aire, que facilita la vida; el agua es la vida.

GRÁFICOS

Estilo vikingo

Descripción breve del guerrero vikingo

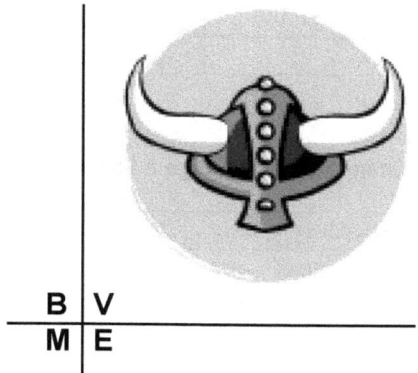

B	V
M	E

Estilo de liderazgo: dominante (expresivo). Autoritario.
La mente: sintética.
Virtudes: rápido. Contagia. Da resultados. Fuerte. Leal. Orientado a metas.
Talón de Aquiles: temerario. Insensible. Manipulador. Pierde el control.
Estilo de toma de decisiones: decidido/determinado, con un mínimo de información decide contundentemente. Foco: ser fuerte.
Estrategia de guerra: "Exterminio del enemigo". *Estilo de negociación:* confronta. Impone.
Hagakure (Lo oculto bajo las hojas):
Miedo: a ser vulnerable, a mostrar debilidad.
Baluarte: expresarse de forma autónoma, tener voz, ser visto.
Escudo protector: "Puedes confiar en mí".
Compromiso intrínseco: "Yo puedo solo".
Necesidad profunda: entregarse, sentir reconocimiento.

Virtudes y áreas de oportunidad del vikingo

VIRTUDES	ÁREAS DE OPORTUNIDAD
• Asertivo.	• Colérico.
• Aventurero.	• Temerario.
• Líder. Contagia.	• Manipulador.
• Enfocado en resultados.	• No da seguimiento.
• Fuerte. Enérgico.	• Arrogante.
• Líder determinado, expresivo.	• Insensible.
• Leal.	• Traicionero.
• Valiente.	• No escucha sus temores.
• Necesidad y disfrute del ejercicio.	• Excedido.
• Cuida su imagen.	• Narcisista.

Cómo juzga el vikingo a los demás estilos

	POSITIVO	NEGATIVO
AL MAYA	Qué suertudos que siempre están bien plantados en la tierra y saben cuáles son sus necesidades. Cuando los veo, me siento fuera de lugar. Si yo tuviera la mitad de su refinamiento y sus buenos modales...	Odio a esos lentos bonachones que solo están sintiéndose ofendidos por cualquier cosita que les digo. Tienen que ser marcianos si creen que es posible lograr algo en la vida sin ofender a nadie. Demasiado melosos.
AL ESPARTANO	Si pudiera ser menos impulsivo, otro gallo me cantaba... Me gusta saber que hay alguien que puede hace las cosas con cuidado en los detalles y consistentemente bien. Busca ahorrar. No se mete en problemas.	Me saca de quicio su apego absurdo a la normas. La excesiva racionalización y el postergar las cosas son el privilegio de gente pasiva que no sabe que el tiempo es oro. A mí nadie me va a controlar aunque crea que tiene razón.
AL BEREBER	Quién fuera él con tantos amigos y contactos por todos lados. Admiro su capacidad de hacer relaciones y llevarse bien con todos. Es un buen aliado para relaciones públicas.	No soporto a los hipócritas, incapaces de defender su postura. Bueno, también me sirven para correr chismes y para enterarme de todo lo que pasa y no me entero.

Estilo maya

Descripción breve del guerrero maya
Virtudes y áreas de oportunidad del maya

Estilo de liderazgo: afable (emocional). Sobreprotector.
La mente: respetuosa.
Virtudes: buen escucha. Crea ambientes agradables. Colaborador. Mediador.
Talón de Aquiles: no enfrenta. Se pierde en detalles. Susceptible.
Estilo de toma de decisiones: integrador: es lento al decidir por evaluar posibles daños a terceros. Foco: ser esforzado.
Estrategia de guerra: "Guerra de baja intensidad e indirecta". *Estilo de negociación:* boicotea o se rebela por debajo de la mesa, cede.
Hagakure (Lo oculto bajo las hojas):
Miedo: a quedarse estancado. La libertad.
Baluarte: la pertenencia. La dignidad.
Escudo protector: "Llevo mi carga con dignidad".
Compromiso intrínseco: "No quiero." "Quiero ser libre".
Necesidad profunda: ser autónomo. Cambiar. Confiar en sí mismo.

VIRTUDES	ÁREAS DE OPORTUNIDAD
• Empático.	• Olvida sus propias necesidades.
• Sensible.	• Se ofende fácilmente.
• Afable, amistoso.	• No pone límites.
• Orientado a las personas.	• Distraído. Pierde el foco.
• Respetuoso.	• No se hace respetar.
• Conciliador.	• Atrapado por su guerra interna.
• Detallista.	• Poca visión estratégica.
• Comprometido.	• Carga de más.
• Esforzado.	• Lento en dar resultados.
• Colaborador.	• Le cuesta ser líder.

Cómo juzga el maya a los demás estilos

	POSITIVO	NEGATIVO
AL VIKINGO	Ojalá pudiera tener esa enorme capacidad de tomar una postura y defenderla a costa de lo que sea en lugar de permitir que otros abusen de mí.	Es muy fácil tomar decisiones drásticas si arrasas con todo lo que está a tu alrededor. Es un abusivo, irrespetuoso que no piensa en el daño que le hace a la gente.
AL BEREBER	Admiro su creatividad, me siento como que yo no aporto nunca ideas nuevas, como un pozo seco. Admiro su entusiasmo y generosidad. Sobre todo su capacidad de celebrar y estar de buen humor.	Claro, qué fácil es escupir cualquier cosa que te pasa por la cabeza cuando es otro el que termina haciendo el trabajo duro. ¡Qué falta de modestia! ¿No puede dejar de estar presumiendo?
AL ESPARTANO	Admiro su capacidad para enfocarse, trabajar y lograr siempre lo que se propone. Callado, sin aspavientos, concentrado, mientras que yo tengo gente que me interrumpe todo el tiempo y me distrae.	Me da lástima, es un antisocial que no es capaz de juntarse con alguien para comer. Cree que la vida es solo trabajar y ganar dinero. Si no tienes una buena relación o afecto, ¿de qué sirve tener tanto? En el fondo me despierta compasión.

Estilo espartano

Descripción breve del guerrero espartano

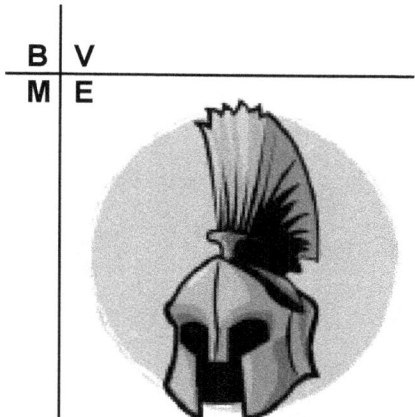

Estilo de liderazgo: perfeccionista (analítico). Democrático.
La mente: disciplinada.
Virtudes: orientado a la tarea, "bien a la primera". Cumple normas. Riguroso. Estructurado. Confiable. Dinámico.
Talón de Aquiles: resistente al cambio. Obsesivo. Controlador. Individualista.
Estilo de toma de decisiones: incluyente. Necesita mucha información para llegar a una sola conclusión. Foco: ser útil.
Estrategia de guerra: "Guerra fría." *Estilo de negociación*: compite. Quiere tener siempre la razón.
Hagakure (Lo oculto bajo las hojas):
Miedo: a perder el control, miedo a la frialdad.
Baluarte: la seguridad, la justicia, lo predecible.
Escudo protector: "Soy la estrella y soy perfecto".
Compromiso intrínseco: "Yo tengo la razón". "Soy justo".
Necesidad profunda: aprender del cambio y crecer con la incertidumbre. Gozar.

Virtudes y áreas de oportunidad del espartano

VIRTUDES	ÁREAS DE OPORTUNIDAD
• "Perfecto a la primera".	• Resistente al cambio.
• Gran sentido del deber.	• Poco emotivo.
• Buen planificador y estratega.	• Obsesivo del orden y los hábitos.
• Riguroso.	• Lento en decidir.
• Competitivo y dinámico.	• Controlador.
• Honesto.	• Individualista.
• Enfocado.	• Inflexible.
• Estructurado, sistemático.	• Poco creativo.
• Confiable.	• Escéptico.
• Le gusta brillar.	• Se cree dueño de la verdad.

Cómo juzga el espartano a los demás estilos

	POSITIVO	NEGATIVO
AL BEREBER	Admiro su capacidad de hacer mil cosas a la vez; todo parece resultarle fácil. Qué habilidad social para reunir gente. Me siento como topo en mi madriguera. ¿Cómo será eso de disfrutar tanto de la vida?	Claro que la vida es fácil cuando solo te la pasas tomando el sol. ¡Qué falta de responsabilidad! Además, viene el misionero a querer "convertirme". En su léxico falta la palabra "deber".
AL MAYA	Es admirable cómo la gente se acerca a pedirle consejos personales. Tiene una capacidad notable para entender a todos y ser servicial. Yo me siento rígido y frío. No tengo idea de cómo iniciar una conversación con desconocidos.	Mejor que ponga su consultorio de terapeuta. No le pagan para atender los problemas personales sino para dar resultados. Que se ponga a trabajar en lugar de dejar todo por atender lo que no le incumbe.
AL VIKINGO	Increíble su valentía y su capacidad de asumir riesgos. Mi sueño es poder tomar decisiones contundentes sin reflexionar tanto. Qué capacidad de cortar y rehacer su vida cuando las cosas no van conforme a sus valores.	¡Cualquiera puede hacer propuestas que surgen sin analizarlas! No soporto que decidan sin tener ningún fundamento. Solo crea inestabilidad y conflicto, tiene sus favoritos y le falta sentido de equidad.

Estilo bereber

Descripción breve del guerrero bereber

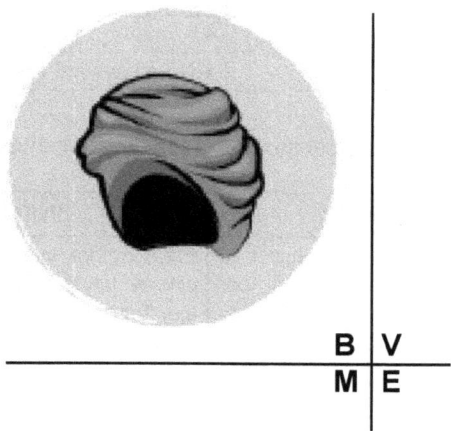

```
            B | V
            M | E
```

Estilo de liderazgo: emprendedor (práctico). Paternalista.
La mente: creadora.
Virtudes: práctico. Carismático. Espontáneo. Motivador. Buen comunicador.
Talón de Aquiles: desorganizado. Superficial. Incumple promesas.
Estilo de toma de decisiones: flexible, mínima cantidad de información para sacar múltiples conclusiones.
***Foco*:** hacer amigos.
Estrategia de guerra: evadir. *Estilo de negociación:* ceder (el que ríe último ríe mejor).
Hagakure (Lo oculto bajo las hojas):
Miedo: a la soledad. Al abandono.
Baluarte: la pertenencia. El cambio.
Escudo protector: "Me llevo bien con todos."
Compromiso intrínseco: "No puedo solo. ¡Ayúdame!".
Necesidad profunda: ser querido. Ser confiable.

Virtudes y áreas de oportunidad del bereber

VIRTUDES	ÁREAS DE OPORTUNIDAD
• Práctico.	• Desorganizado.
• Carismático.	• Camaleónico, histriónico.
• Espontáneo.	• Superficial.
• Motivador.	• Incumple promesas.
• Buen comunicador.	• No escucha, egocéntrico.
• Creativo.	• Le falta sustentar con hechos.
• Hiperactivo, extrovertido.	• Abarca más de lo que logra.
• Amigo de todos.	• Genera desconfianza.
• Intuitivo.	• A menudo en postura de víctima.
• Se pone muchas metas.	• No da seguimiento.

Cómo juzga el bereber a los demás estilos

	POSITIVO	NEGATIVO
AL ESPARTANO	Admiro que se enfoque en hacer su trabajo sin dejarse manipular por los demás. No siempre me encanta ser el centro de atención. Yo debería aprender de él a dar seguimiento y terminar todo lo que empezó.	Estos rígidos que se creen los policías de los demás me sacan de quicio. Tienen una frialdad que da miedo y además son tan tacaños como si lo de la empresa fuera suyo. Hacen las reglas para que yo las salte.
AL MAYA	¿Cómo son capaces de encontrar los valores fundamentales de algo al instante, cuando yo tengo que discutirlo y consensuarlo primero con mucha gente? Admiro su detallismo y cómo todos los buscan para ayuda.	¿Cómo es posible que alguien se crea la Madre Teresa, habiendo tantas cosas que disfrutar en el mundo? La lentitud es lo que más me desespera, y que atiendan a todos antes que a mí. Además, esa dependencia de su pareja me parece excesiva.
AL VIKINGO	Desearía tener esa fuerza y empuje de abrir brecha y conquistar sus sueños. Es alguien a quien quiero seguir por sus convicciones y seguridad personal. No le da miedo opinar lo opuesto que los demás.	Es un necio aferrado a sus necedades. Ególatra insensible que ni cuenta se da de cómo nos explota. Yo antes muerto que meterme en conflicto con quienes pueden servirme de algo en el futuro. Él va dejando un reguero de cabezas.

De la funcionalidad a la disfuncionalidad de los estilos guerreros

No es suficiente con conocer los distintos estilos. Es importante también identificar los extremos en los que se puede caer para poder reconocerse de una forma más fina. A veces nos cuesta trabajo aceptar que personas que parecen muy distintas tengan en realidad el mismo perfil, a pesar de que sus conductas y resultados sean notablemente diferentes. Esto se debe a muchas razones, entre ellas destaca el nivel de desarrollo personal de cada uno y el extremo en que unos se hayan colocado, a diferencia de aquellos que han ido aprendiendo a equilibrarse a sí mismos tomando aspectos de otros estilos y desarrollando una mayor conciencia de su diversidad interior.

La regla es: a mayor grado de desarrollo personal, más cerca estará esa persona del "centro" del cuadrante (véase la página siguiente); allí se desdibujan las particularidades más extremas del estilo y se funden con características de los demás estilos.

Por el contrario, el nivel de disfuncionalidad es inversamente proporcional al grado de desarrollo afectivo, emocional y relacional de un sujeto. Esto es: a mayor rigidez o repetición inflexible de conductas poco efectivas, mayor será la disfuncionalidad.

El nivel 1 muestra el estilo en el punto más próximo al centro del eje y es el lugar menos polarizado del estilo, el más desdibujado. En términos de su identidad, podríamos decir que es alguien que dice de sí mismo: "**Yo podría ser así** y también de otra manera". Es decir, no se encuentra aferrado a una idea de sí mismo, ya que sabe que en contextos distintos o en diferentes etapas de su vida se adaptará para ser más efectivo, sin por eso perder su sentido de identidad o sentirse mentiroso o hipócrita.

El nivel 2 muestra la funcionalidad del estilo en comportamientos moderados, sin exagerar hacia ningún extremo. **"Yo soy así."** En este nivel la persona ya empieza a mostrar conductas propias de su estilo más marcadas y a hacer o dejar de hacer cosas por ser fiel a esa visión de su identidad. Aparece en los casos de quienes dicen, por ejemplo, "Como yo soy tímido, no voy a fiestas", "Como soy tan impulsivo no me puedo callar y digo todo lo que pienso sin evaluar las posibles consecuencias". Cuando se está en el nivel 2, se está abierto al aprendizaje, se intentan nuevos caminos, se busca un desarrollo de habilidades para ser más efectivo. Se agradece la retroalimentación de otros aunque duela, pues se está en el camino de la evolución personal.

El nivel 3 muestra cierta disfuncionalidad porque presenta algunos rasgos o voces del estilo sobreidentificadas y comportamientos más arraigados. **"Yo solo soy así, pues siempre he sido así."** "Y como siempre he sido así –podría seguir la frase– no voy a cambiar". La rigidez en las conductas poco efectivas es característica de este nivel, ya sea en cuanto al desorden y la falta de estructura o a la rigidez en la disciplina y el cumplimiento de las normas. En este nivel se está dispuesto a entrar en cualquier conflicto con tal de salirse con la suya, sea para mantener la postura de víctima, el apego a las normas o el sentirse por encima de ellas. Es aquí donde la adaptación, la flexibilidad o la evolución se ven más como amenaza, y la persona se resiste con fuerza. El miedo a perder su sentido de identidad, a dejar de ser o a desintegrarse es mayor que el deseo de tener una vida efectiva. Ante la amenaza, unos atacan, otros se retraen, algunos quedan paralizados, pero en el fondo el origen de esas diversas reacciones es el mismo.

El nivel 4 muestra el extremo disfuncional del estilo, es el que indica que se está ante alguien por completo resistente a aprender de sí mismo. **"Yo soy así y nunca nada hará que sea distinto."** Se trata de alguien que aun cuando aparentemente continúe realizando sus funciones en un puesto de trabajo, está aferrado a su actitud y no está dispuesto a moverse para alcanzar los objetivos organizacionales. Aquí es importante que el líder se pregunte cuál es el costo que paga por mantener a alguien disruptivo en la organización.

El siguiente gráfico muestra los cuatro niveles de los estilos, que van desde ser funcional, en el centro, a ser disfuncional, en la parte exterior de cada cuadrante. Para ilustrarlo elegí definiciones de identidad para cada uno de los niveles. ¿Qué dice de sí mismo cada estilo en cada uno de los niveles?

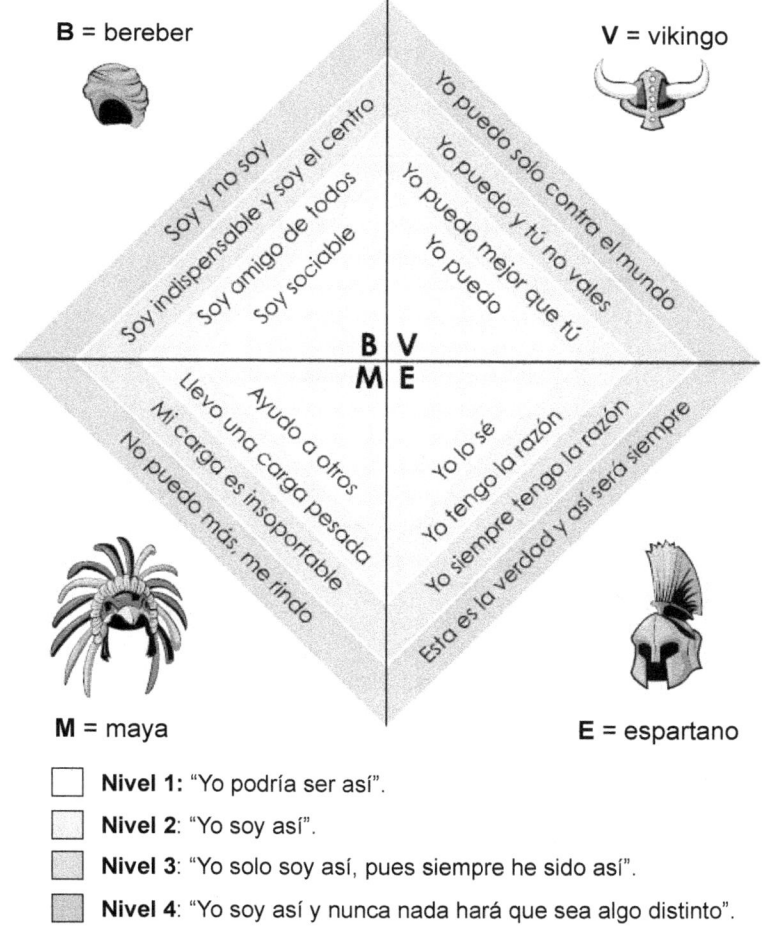

- Nivel 1: "Yo podría ser así".
- Nivel 2: "Yo soy así".
- Nivel 3: "Yo solo soy así, pues siempre he sido así".
- Nivel 4: "Yo soy así y nunca nada hará que sea algo distinto".

Combinaciones de estilos y voces interiores

Combinaciones comunes del vikingo

SUBESTILO	🔊 VOCES QUE SUBEN EL VOLUMEN DEL SEGUNDO ESTILO	🔈 VOCES QUE BAJAN EL VOLUMEN DEL SEGUNDO ESTILO
VIKINGO-ESPARTANO	• Responsable • Perfeccionista • Crítico • Justo	• Rebelde • Arriesgado • Aventurero • Impulsivo
VIKINGO-BEREBER	• Emprendedor • Entusiasta • Hedonista • Víctima	• Luchador • Rebelde • Exigente • Impulsivo
VIKINGO-MAYA	• Compañero • Cuidador • Romántico • Sensible	• Luchador • Rebelde • Aventurero • Exigente

Combinaciones comunes del maya

SUBESTILO	🔊 VOCES QUE SUBEN EL VOLUMEN DEL SEGUNDO ESTILO	🔈 VOCES QUE BAJAN EL VOLUMEN DEL SEGUNDO ESTILO
MAYA-ESPARTANO	• Responsable • Perfeccionista • Crítico • Ahorrador	• Postergador • Complaciente • Ingenuo • Romántico
MAYA-BEREBER	• Emprendedor • Entusiasta • Camaleón • Seductor	• Esforzado • Cuidador • Sensible • Ingenuo
MAYA-VIKINGO	• Exitoso • Ambicioso • Rebelde • Impaciente	• Ingenuo • Esforzado • Cuidador • Convencional

Combinaciones comunes del espartano

SUBESTILO	VOCES QUE SUBEN EL VOLUMEN DEL SEGUNDO ESTILO	VOCES QUE BAJAN EL VOLUMEN DEL SEGUNDO ESTILO
ESPARTANO-VIKINGO	• Arriesgado • Ambicioso • Impulsivo • Exigente	• Perfeccionista • Escéptico • Ordenado • Justo
ESPARTANO-BEREBER	• Emprendedor • Entusiasta • Visionario • Emprendedor	• Escéptico • Crítico • Justo • Perfeccionista
ESPARTANO-MAYA	• Compañero • Cuidador • Complaciente • Sensible	• Competidor • Crítico • Perfeccionista • Controlador

Combinaciones comunes del bereber

SUBESTILO	VOCES QUE SUBEN EL VOLUMEN DEL SEGUNDO ESTILO	VOCES QUE BAJAN EL VOLUMEN DEL SEGUNDO ESTILO
BEREBER-ESPARTANO	• Ordenado • Responsable • Perfeccionista • Ahorrador	• Espíritu libre • Hedonista • Víctima • Pachá / Princesa
BEREBER-MAYA	• Seguidor • Ingenuo • Postergador • Cuidador	• Emprendedor • Seductor • Entusiasta • Pachá / Princesa
BEREBER-VIKINGO	• Exitoso • Ambicioso • Impaciente • Arriesgado	• Soñador • Espíritu libre • Hedonista • Camaleón

Bibliografía

Arqueología Mexicana, varios números, los mayas. http://www.inah.gob.mx
Baumann, Bruno: *Der Wüstengänger*. Malik Verlag, Munich, 2007.
Bennett-Goleman, Tara: *Alquimia emocional*. Ediciones B, Madrid. 2001.
Bowden, Charles: *El Sahara inadvertido*, http://www.ngenespanol.com/fotografia/lo–mas/11/07/25/sahara–inadvertido), 2015-01-08.
Boyer, Régis: *La vida cotidiana de los vikingos*. Editorial Medievalia, Madrid, 1992.
Brown, Michael: *El proceso de la presencia*. Ediciones Obelisco, Barcelona, 2012.
Casillas Borrallo, Juan Miguel: *La antigua Esparta*. Arco Libros, Madrid, 1997.
Castaneda, Carlos: *Una realidad aparte*. FCE, México, 2008.
Dispenza, Joe: *Deja de ser tú mismo*. Ediciones Urano, México, 2012.
Domínguez Monedero; Adolfo Jerónimo y Pascual González, José: *Esparta y Atenas en el siglo V a.C.* Síntesis, Madrid, 1999.
Driver, MJ y Rowe, Alan: "Decision making styles", *Behavioral Problems in Organizations*. Engelwood Cliffs, NJ, Prentice-Hall 1996.
Dychtwald, Ken: *Cuerpo-mente*. Lasser Press, México, 1977.
Fierro Evans, Laura: *Coaching para líderes*. Ediciones Granica, Buenos Aires, 2013.
Gardner, Howard: *Estructuras de la mente. La teoría de las inteligencias múltiples*. FCE, México, 1983
——: *Five Minds for the Future*. Harvard Business School Press, Boston, 2006.
Goleman, Daniel; Boyatzis, Richard y McKee, Annie: *Primal Leadership: The Hidden Driver of Great Performance*, HBR, Boston, 2002.
Hammú, Mohamed: *Sherezades. Cuentos de mujeres beréberes*. Palabras del Candil, Cádiz, 2011.
Haywood, John: *Vikingo: el manual del guerrero nórdico*. Akal, Madrid, 2014.

Herrmann, Ned: *The Creative Brain*. The Ned Herrmann Group, Lake Lure, N.C., 1995.
Hoffman, Dassie (editor): *The Voice Dialogue Anthology*. Delos Inc., Albion, CA, 2012.
Hruby, Zachary: "Apocalypto, la no historia de los mayas", *National Geographic*, 8 de enero de 2015.
Hua Hu Ching: *Las últimas enseñanzas de Lao-Tsé*. Kier, Buenos Aires, 2001.
Jung, Carl G. : *Tipos psicológicos*, vol II. Edhasa, Barcelona, 1971.
—— et. al.: *Encuentro con la sombra: el poder del lado oscuro de la naturaleza humana*. Kairós, Barcelona, 2000.
Kegan, Robert: *Die Entwicklungstufen des Selbst*. Kindt Verlag, Munich, 1986.
Kilmann, R.H. y Thomas, K.W.: "A forced-choice measure of conflict-handling behavior: the MODE Instrument". Working Paper N° 54, Graduate School of Business, University of Pittsburgh, 1973.
Kolb, David: *Learning Style Inventory Version 3.1 Technical Specifications*. Hay Group, Boston, 2005.
Lao Tsé: *Tao Te King*. Colofón, México DF, 2011.
Lenkersdorf, Carlos. *Los hombres verdaderos*. Siglo XXI, México, 1996.
Lipton, Bruce: *La biología de la transformación*. Gáia Ediciones, Madrid, 2012.
Löwen, Alexander: *Bioenergética*. Diana, México, 1977.
Musashi, Miyamoto: *El libro de los 5 anillos*. Océano, México, 2017.
Naranjo, Claudio: *Carácter y neurosis*. Ediciones Granica, Buenos Aires, 2012.
Patel, Shankari: *Viaje a Oriente: peregrinación, política y género en el postclásico Yucatán*, de la Asociación Americana de Antropología (AAA) de la Asociación Feminista Americana (AFA). http://newsarchive.medill.northwestern.edu/chicago/news-202656.html), 2011.
Riemann, Fritz: *Grundformen der Angst*, Reinhardt Verlag. Munich, 2003.
Senge, Peter; Scharmer, Otto; Jaworski, Joseph y Flowers, Betty Sue: *Presence: Human Purpose and the Field of the Future*. Doubleday, New York 2004.
Silsbee, Doug: *Presence-based Coaching*. Jossey Bass Publishers. San Francisco, 2008.
Stone, Hal y Sidra, PhD: *Embracing Our Selves*. Nataraj Publishing, Mill Valley, 1989.
Sturluson, Snorri: *Textos mitológicos de las Eddas*. Editorial Nacional, Madrid, 1983.
——: *La saga de los groenlandeses. La saga de Erik el Rojo*. Ediciones Siruela, Madrid, 1984.

Thich Nhat Hanh: *Estás aquí: la magia del momento presente.* Kairós, Barcelona 2011.
Thomann, Christoph: *Klärungshilfe 1, 2 und 3.* Rororo, Hamburg, 2004, 2006, 2007.
Wallace, Alan: *The Attention Revolution: Unlocking the Power the Focused Mind.* Wisdom Publications, Boston 2006.
——: *Minding Closely: The Four Applications of Mindfulness.* Snow Lion Publications, New York, 2011.
Watzlawick, Paul: *Teoría de la comunicación humana.* Herder, Barcelona, 2004.

El maestro le dijo al príncipe y a todos sus seguidores:
"Mis amigos y discípulos: deberán armonizar sus mentes con todas las manifestaciones de la vida y no abrigar ningún antagonismo hacia ningún ser viviente, ya sea que haya nacido de vientre, huevo, humedad o cualquier otro tipo de transformación; ya sea que piense o no pueda hacerlo, que tenga una forma definida o que sea amorfo. Deberá disolver todo tipo de discriminación de la individualidad y absorber las cosas en una armoniosa unicidad.
"La virtud de un ser que alcanzó un alto grado de evolución, abraza a todas las personas y disipa y desecha la oscuridad que las aísla. Aunque innumerables vidas se iluminan, el que no está consciente de la realidad completa, no ayuda a nadie. ¿Por qué esto es así? Gentil príncipe, si todavía se persiste en los conceptos mentales divisorios, que distinguen entre el yo y los demás, entre masculino y femenino, longevidad y brevedad, vida y muerte, y así infinitamente, entonces no se tiene una conciencia abarcativa." (Lao Tsé)[63]

---

63 Hua Hu Ching: *Las últimas enseñanzas de Lao-Tsé*, pág. 16. Kier, Buenos Aires, 2001.

www.ingramcontent.com/pod-product-compliance
Lightning Source LLC
Chambersburg PA
CBHW071307110426
42743CB00042B/1210